Interesante apartado componen las recetas que, sobre antojitos, antojos y similares, integran esta selección. Resulta claro que la comida familiar guanajuatense de algún modo resume el comer en casa de casi todo el país; sabe dar gusto a los golosos y también, con mucha sencillez, no es casual que complazca a los que hacen melindres. Se trata de una comida de corte nacionalista, con moño tricolor, de claras raíces indígenas, que en ocasión de ciertos guisos, más que el solo ascendiente ultramarino, prueba la suma larga y el mestizaje de su quehacer actual.

Con masa de nixtamal y democráticas acelgas se prepara un popular tamalón (está calculado para diez personas), al que se pueden incorporar diferentes rellenos; lo accesible del platillo no quita su delicadeza, pues su confección exige que se le envuelva con una servilleta húmeda, tal como "niño envuelto".

Gallo se llama la versión local del popular pico de gallo o xol-chon (en la Península de Yucatán); al modo tradicional, utiliza los xoconostles ácidos y los mezcla aquí con tomates verdes y chiles guajillo, lo cual –según se afirma– acompaña muy bien al chicharrón, chorizo y huevo. El capón con chicharrón, por su parte, utiliza las tunas agrias para rellenar los chiles pasilla y luego, tras cocerlos, les incorpora trocitos de chicharrón.

El huevo de granja es ingrediente central de dos buenas y sencillas fórmulas. Los blanquillos ahogados en un caldillo de jitomate, ajo y cilantro, y una torta de huevos y tortillas, aromático horneado con su queso, jitomate, chiles poblanos y crema.

En el vasto reino del maíz, las posibilidades culinarias son inacabables. Las quesadillas antiguas, por ejemplo, son uno de tantos deleites nacionales; salen de queso, pero sin él son quesadillas de papas con chori-

zo, pollo o jamón, según autoriza la vieja receta que se imprime. Aparecen enseguida los tacos. Primero unos "de nata", rellenos de rajas de poblano, horneados y gratinados con crema y queso; después unas flautas con crema, delgadas, apretaditas sobre barbacoa de carnero. Se sirven con guacamole.

Incitantes, las inconfundibles tostadas de cueritos de puerco, suelen resultar mejor hechas en casa que en cualquier esquina. La fórmula es prometedora.

Las nobles tortillas de la gramínea presiden también las preparaciones que a continuación se analizan ¿Qué tal unos chilaquiles rojos con chiles mulatos y ajonjolí? Se adornan con cebolla picada y queso fresco espolvoreado. ¿O unas enchiladas del Bajío? La salsa es de chiles anchos, llevan queso y se doblan en dos, como si fuesen quesadillas. Las enchiladas chinitas se elaboran con ingredientes parecidos, pero se doblan en cuatro y se adornan con lechuga orejona, papas fritas, rábanos y queso rallado.

Las enchiladas celayenses piden igualmente salsa de chiles poblanos, mas debe sumarse al relleno de queso "desmenuzado" y cebolla "picadita", la compleja estructura superior. A saber: carne de puerco doradita (deshebrada), papas y zanahorias (fritas, cocidas y picadas), longaniza (frita y en rebanadas), chiles güeros y rábanos.

Del horno familiar es el pastel de tortillas con jamón, queso amarillo, queso asadero, mantequilla y jitomate. Budín mexicano –humeante, alimenticio, sabroso– acaba de arraigar con los güeros chiles que lo cubren. El apartado se cierra con otro antojo nacional, apreciado en diversas partes del país: los frijoles puercos, tan apetecibles con su chorizo –aquí llevan también tocino, salchichas y jamón– y sus serranitos picantes.

Cuando el amor es parejo, están por demás los elotes

Huevos ahogados

1 k	jitomates
10	chiles serranos
10	huevos
3	ajos
1	cebolla chicha
·	cilantro
·	manteca
·	sal, al gusto

- ♥ Moler los jitomates, ajos, cebolla y sal.
- ♥ En una sartén freír con manteca el preparado de jitomate, colado; el cilantro, finamente picado, y los chiles abiertos a la mitad
- ♥ Agregar, uno a uno, los huevos completos, sin que se rompan las yemas, dejando suficiente caldillo. Cocer a fuego lento.
- ♥ Rinde 10 raciones.

Receta de Maura Bárcenas Quintero

Torta de huevos y tortillas

1 k	jitomates
1/4	litro de crema
16	tortillas
5	chiles poblanos
5	huevos
2	ajos
1	cebolla cabezona
1	queso mediano

- ♥ Batir los huevos como para capear.
- ♥ En el batido se van metiendo las tortillas y se van friendo, acomodándolas en un molde refractario.
- ♥ Encima se pone un poco de guisado, queso y crema.
- ♥ Agregar otra capa de tortilla, otra de guisado y así sucesivamente hasta terminar con la de guisado; si la preparación quedara algo seca, se puede agregar medio vaso de agua.
- ♥ Meter al horno a 350°C.
- ♥ Rinde 6 raciones.

Guisado
- ♥ Asar y deshebrar los chiles.
- ♥ Asar y moler los jitomates con los ajos y sal.
- ♥ En una sartén freír la cebolla rebanada y las rajas de chile, agregar el jitomate molido y un vaso de agua; dejar sazonar.

Receta de Graciela M. de Díaz Gómez

Frijoles puercos

1/2 k	frijol
100 g	jamón
3	chiles serranos
3	cucharadas de aceite
2	jitomates
2	rebanadas de tocino
2	salchichas
1	chorizo
1/2	cebolla
·	ajo, un trozo
·	sal, al gusto

- ♥ Cocer los frijoles en una olla de barro; cuando se ablanden un poco, agregar la sal y dejar hervir.
- ♥ Picar la cebolla, jitomates, chiles y un trozo de ajo. Partir el tocino, las salchichas, el chorizo y el jamón.
- ♥ Freír en aceite, primero la verdura y luego agregar la carne (tocino, chorizo, etcétera).
- ♥ Ya que estén bien fritos y sazonados, agregar a los frijoles (que están en el fuego) y dejarlos hervir nuevamente, para sazonarlos. Se sirven calientes.
- ♥ Rinde 6 raciones.

Receta de María Cristina López de Juárez

Capón con chicharrón

200 g	chicharrón
10	xoconostles
6	chiles pasilla
4	ramas de cilantro
3	dientes de ajo
2	cebollas
·	sal, al gusto

❦ Pelar los xoconostles, sacar las semillas y picar en cuadritos; picar las cebollas, los ajos y el cilantro. Lavar bien los chiles; hacerles una abertura y rellenarlos con lo anterior.

❦ Poner a hervir un litro de agua con sal y colocar en ella los chiles rellenos. Cuando hiervan y suavicen, incorporar los trozos de chicharrón.

❦ Rinde 6 raciones.

Receta de Rosa María Solórzano de Gutiérrez

Flautas con crema

30	tortillas delgadas
3/4 k	barbacoa de carnero
1/4	litro de aceite
1/4	litro de crema agria
6	chiles serranos
2	aguacates medianos
1	jitomate grande
1	lechuga chica
1/2	cebolla de tamaño regular
·	crema y sal, al gusto
·	ramitas de cilantro

❦ Picar finamente el cilantro, el jitomate, la cebolla y los chiles; agregar los aguacates, pelados y machacados.

❦ Mezclar todo bien; los huesos del aguacate se dejan dentro del guacamole para que éste no se ponga negro.

❦ Deshebrar la carne y hacer los tacos, procurando que queden bien apretados. Calentar el aceite y freírlos hasta que estén dorados; pararlos para dejarlos escurrir.

❦ Al servirlos, se cubren con un poco de crema, guacamole y un puñado de lechuga picada.

❦ Rinde 12 raciones.

Receta de Jovita V. Vda. de Domínguez

Enchiladas celayenses

24	tortillas chicas
1 k	papas, picadas
1 k	zanahorias, picadas
1/2 k	carne de puerco, cocida
1/4 k	longaniza, en rebanadas
1/2	cucharadita de orégano
6	chiles anchos
6	chiles güeros, en escabeche
1	cebolla grande
1	diente de ajo
1	lechuga
1	queso tipo ranchero
1	rábano largo
·	manteca
·	sal, al gusto

❦ Remojar los chiles anchos y molerlos con el ajo, sal y orégano, para formar una salsa.

❦ Freír la carne de puerco a que quede doradita; freír, aparte, la longaniza y, en la misma manteca, freír las papas y las zanahorias, ya cocidas. Pasar por la salsa las tortillas y freírlas luego en manteca.

❦ Rellenarlas con el queso desmenuzado y revuelto con la cebolla picadita.

❦ Servir las enchiladas con lechuga finamente picada; ponerles encima la carne de puerco (deshebrada), las papas y las zanahorias y, por último, la longaniza, chiles güeros y el rábano.

❦ Rinde 12 raciones.

Receta de Lorenia Morales de Escárcega

Enchiladas chinitas

24	tortillas, delgadas y chicas
8	chiles anchos, desvenados y sin semillas
1/2	litro de leche
4	dientes de ajo
2	huevos
2	papas fritas en cuadros
1	manojo de rábanos
1	lechuga orejona
1/4	cebolla
·	aceite
·	queso rallado
·	queso y cebolla picada
·	sal, al gusto

❦ Hervir los chiles con la leche; una vez suaves, licuarlos con los ajos, cebolla, sal, los huevos y la leche en la que se cocieron los chiles.

❦ Mojar las tortillas en esta salsa y freírlas en aceite caliente; rellenarlas con queso y cebolla picada y doblarlas en cuatro partes.

❦ Adornar las enchiladas con lechuga orejona, papas fritas (partidas en cuadros), rábanos y queso rallado espolvoreado sobre ellas.

❦ Rinde 8 raciones.

Receta de Beatriz Valdés García

Enchiladas del Bajío

18	tortillas
1	taza de leche
6	chiles anchos
4	cucharadas de manteca quemada
3	hojitas de epazote
3	huevos
1	cebolla mediana
1	diente de ajo
1	lechuga finamente picada
1	queso fresco chico

❦ Desvenar los chiles y remojarlos en la leche.

❦ Licuar el ajo, epazote, huevos, sal y los chiles remojados en leche.

❦ Remojar las tortillas en esta salsa y freírlas por los dos lados.

❦ Rellenarlas de queso cortado en rajas y doblarlas como quesadillas.

❦ Decorarlas con cebolla cortada en rodajas delgadas y lechuga.

❦ Rinde 6 raciones.

Receta de Lorenia Morales de Escárcega

Tamalón de acelga

1 k	masa de nixtamal
1/4 k	manteca de cerdo
1	cucharada de polvo para hornear
1	cucharada de sal
1	manojo de acelgas
·	leche
·	queso y chiles en rajas

❦ Batir la manteca con el polvo para hornear, sal y leche, hasta que esponje. Partir las acelgas y mezclar con la masa y demás ingredientes.

❦ Extender una servilleta húmeda, poner encima la masa y envolverla como niño envuelto. Cocer en vaporera durante una hora.

❦ Puede agregarse al relleno, si se quiere, queso y chiles en rajas.

❦ Servir el tamalón con frijoles y carne de puerco en salsa.

❦ Rinde 10 raciones.

Receta de Gloria González de Lorenzini

Tostadas de cueritos

2 k	cueritos de puerco
2	cebollas
2	ajos
·	col, finamente rebanada
·	limones, al gusto
·	tostadas, las suficientes
·	vinagre de manzana
·	sal, al gusto
·	Salsa
1 k	jitomates
·	orégano

❦ Cocer los cueritos con agua, sal, un trozo de cebolla y ajo.

❦ Cuando se hayan ablandado, sumergirlos en vinagre de manzana y cortarlos en tiras.

❦ Poner col sobre cada tostada; agregarle bastantes cueritos, rebanadas de cebolla y jugo de limón. Servir con salsa.

❦ Rinde 10-12 raciones.

Salsa

❦ Cocer los jitomates con ajo, un pedacito de cebolla y orégano.

Receta de Lorenia Morales de Escárcega

Tacos de nata

18	tortillas chiquitas
3/4 k	jitomates
150 g	queso asadero
1	taza de crema
1/2	taza de nata
1/4	taza de manteca de cerdo
1	cucharadita de consomé en polvo
4	chiles poblanos asados (limpios y en rajas)
1/2	cebolla
2	dientes de ajo
·	sal, al gusto

❦ Cocer los jitomates y molerlos sin cáscara, con un trozo de cebolla, los ajos, nata y consomé.

❦ Pasar las tortillas por la manteca caliente, cuidando que queden suaves. Freír el preparado de jitomate en una cucharada de manteca y dejarlo sazonar, hasta que espese.

❦ Pasar las tortillas por la salsa, rellenarlas con las rajas de poblano, enrollarlas y acomodarlas en un recipiente refractario.

❦ Ponerles encima el resto de la salsa, el queso y la crema, y hornear para que gratinen.

❦ Servir los tacos con ensalada de lechuga.

❦ Rinde 6 raciones.

Receta de Rebeca Vera Bustamante

Quesadillas antiguas

1/2 k	harina
1/2	cucharadita de polvo para hornear
1	pizca de sal
2	huevos
125 g	manteca
·	leche
·	queso o papas con chorizo, pollo o jamón
·	aceite

❦ Cernir la harina con el polvo para hornear y la sal; hacer con ellos una fuente y añadir los ingredientes restantes y la manteca, previamente requemada y fría.

❦ Añadir leche, poco a poco, hasta formar una pasta suave.

❦ Hacer bolitas de tamaño regular, extenderlas con el palote y formar las quesadillas, rellenándolas de queso fresco; freírlas.

❦ También se pueden rellenar de papas con chorizo, pollo o jamón.

❦ Las de queso se espolvorean con azúcar y canela.

❦ Rinde 8 raciones.

Receta de Lorenia Morales de Escárcega

Chilaquiles rojos

10	tortillas frías
100 g	queso rallado
50 g	queso fresco
6	cucharadas de aceite
1	cucharadita de ajo picado
1	cucharada de ajonjolí
1	cucharada de cacahuate crudo
1	cucharada de cebolla picada
4	chiles mulatos, remojados
2	huevos
1	pizca de cominos
1	pizca de anís

❧ Cortar las tortillas en pedazos chicos; dorarlos bien en aceite.

❧ Por separado, moler los demás ingredientes con los chiles limpios y sin semillas.

❧ Agregar enseguida a los pedazos de tortilla ya dorados; dejar hervir diez minutos.

❧ Cuando la preparación esté hirviendo, añadir los huevos bien revueltos; dejar cuajar.

❧ Servir los chilaquiles adornados con cebolla picada y queso fresco espolvoreado.

❧ Rinde 6 raciones.

Receta de María Loreto Valdés de Ayala

Pastel de tortillas

20	tortillas blancas
100 g	mantequilla
100 g	jamón, rebanado en tiras
100 g	queso asadero
1/4	litro de crema
4	chiles güeros grandes, rebanados en tiras
3	jitomates
3	rebanadas de queso amarillo, en tiras
·	ajo, sal y caldo concentrado
·	leche

❧ Engrasar un molde refractario y cubrirlo con tortillas enteras, previamente fritas.

❧ Freír el jitomate, ya cocido y licuado con el ajo; añadir el caldo concentrado y la crema.

❧ Poner sobre las tortillas una capa de jamón, un poco de queso amarillo, un poco de queso blanco, un trocito de mantequilla y un poco del jitomate sazonado.

❧ Poner otra capa de tortillas y repetir la misma operación, agregando unas tiras de chile güero.

❧ Meter al horno a 150°C, durante veinte minutos; si se reseca, agregar un poco de leche.

❧ Rinde 10 raciones.

Receta de María del Socorro Oyanguren Mejía

Gallo

6	tomates verdes
4	xoconostles
2	chiles guajillo, remojados y limpios
1	rama de cilantro
·	aceite
·	cebolla
·	sal

❧ Pelar y partir los xoconostles; quitar la tunita del centro y picarla en trocitos.

❧ Partir los tomates en cuatro partes, los chiles en trozos; freírlos en un poco de aceite, con rodajas de cebolla acitronada.

❧ Una vez sancochado, agregar un poco de agua, sal y la rama de cilantro. Dejar cocer y servir caliente con frijoles.

❧ Rinde 6 raciones.

Receta de Marta Ayala Martínez

CALDOS , SOPAS Y PUCHEROS

Reina la sencillez en este apartado de la cocina familiar guanajuatense; sopas y pucheros ofrecen una buena muestra de la mesa cotidiana, en días comunes y en días de fiesta, sin que jamás se pierda su armonioso diapasón.

Suena septembrina la sopa mexicana, con su jitomate picado, el untuoso aguacate y el caldo de carne. El caldo al estilo de Celaya, en cambio, tiene nostalgias de villancico decembrino con el lomo de puerco, el tocino, jamón, pollo, chorizo, alubias y otras verduras. Más ligero, pero también de gran sustancia, el caldo de pollo ranchero despierta, a su vez, sones de fin de semana.

Voces marinas llegan de las costas lejanas y traen la añoranza del mar. Por eso, quizá, Guanajuato prepara buenos caldos de pescado y aprovecha con sabiduría la fauna de las aguas interiores. El caldo de carpa se acompaña inteligentemente con epazote y chilitos serranos y el caldo michi –tan popular en Yuriria, en tierras vecinas a Michoacán– con los gelatinosos bagres, las verduras, los chiles y las hierbas de olor, logra una melodía inimitable y un sabor único.

La sopa de pescado que se ofrece acto continuo es sencilla y provechosa. Parecen resonar las distantes arpas del litoral cuando humea el grato brebaje, aromado y apetitoso por la concentración de sabores que ofrece la cabeza del animal. Del huerto llega luego música alegre, pues sigue un par de sopas de verdura. La de col, con sus chiles pasilla, y la de aguacate, verde arpegio vegetal.

Original es, así, la sopa de hígado de res con jamón y caldo de jitomate que se sirve con cuadritos fritos de pan. Famoso el chileatole con sus elotes, espinazo de cerdo, epazote y cilantro, tomates verdes y chiles serranos.

El pozole verde es para disponer de una tarde tranquila. Pide maíz cacahuazintle, pierna de puerco y pollo cocido; los tomates verdes y las hierbas de olor dan el tono, y los adornos quedan por cuenta del orégano, las cebollas y lechugas picadas, los rábanos y el chile piquín. Para ese entonces, medio limón y, con el apoyo de tostadas untadas de crema, se llega al sonido pleno, integrado, absorbente, del pozole.

El puchero que cierra el apartado es, también, para orquesta de innumerables instrumentos, ya que se encarga, sin otros números en el programa, de abrir y cerrar una sustanciosa comida. Para eso incluye y conjunta alubias, carne de cerdo, chambarete, tocino, jamón, morcilla, chorizo y una larga lista de verduras del fértil huerto del Bajío.

Al que no quiera caldo, taza y media

Caldo al estilo de Celaya

1/2	pollo cocido
1/2 k	lomo de puerco
1/4 k	alubias
125 g	tocino
100 g	jamón
4	jitomates
5	dientes de ajo
4	tomates verdes
4	zanahorias
3	papas
1	cebolla
1	chorizo
1	manojo de acelgas

♥ Cocer las carnes, juntas; aparte, cocer las alubias con el tocino y el jamón picados.

♥ Freír media cebolla, un jitomate, dos dientes de ajo y los tomates verdes, picados; las zanahorias en rajitas y las papas en trozos, junto con el chorizo.

♥ Asar los tres jitomates restantes y molerlos con los ajos y cebolla también restantes, y sal.

♥ Freír y, cuando el guiso esté chinito, agregarlo a la preparación anterior, para que se sigan friendo juntos.

♥ Añadir las carnes, las acelgas picadas y cocidas previamente y las alubias; dejar hervir diez minutos y servir caliente.

♥ Rinde 10 raciones.

Receta de Amalia C. de Jiménez

Caldo de pollo ranchero

1	pollo tierno
125 g	calabacitas
125 g	ejote tierno
125 g	zanahorias
2	litros de agua
4	chiles jalapeños en vinagre, en rajas
4	dientes de ajo
2	tortillas remojadas, licuadas
1	cebolla mediana
1	jitomate grande
1	rama grande de hierbabuena
1/2	cucharadita de cominos, en polvo
·	sal, al gusto

♥ Partir el pollo en raciones y ponerlo a cocer con los ajos y sal.

♥ Cuando esté a medio cocer, agregarle la cebolla partida en rajas, el jitomate picado, la rama de hierbabuena, los cominos y las tortillas licuadas y coladas.

♥ Tener aparte las verduras cocidas y cortadas en tiritas.

♥ Agregarlas al pollo cuando ya esté cocido, junto con los chiles.

♥ Rinde 8 raciones.

Receta de María Concepción Mariscal Lías

Sopa de hígado con jamón

1/4 k	hígado de res
1/4 k	jitomates
50 g	jamón crudo
2	litros de caldo
1	cebolla mediana
1	diente de ajo
·	aceite
·	cuadritos de pan, fritos
·	sal y pimienta, al gusto

❧ Cocer el hígado y molerlo con el jamón; asar los jitomates y molerlos con el ajo.

❧ Freír la cebolla finamente picada; agregarle el jitomate y el hígado molidos y el caldo; dejar que la preparación hierva.

❧ Sazonar con sal y pimienta. Servir la sopa, colada, acompañada de cuadritos fritos de pan.

❧ Rinde 8 raciones.

Receta de María Concepción Mariscal Lías

Sopa mexicana

250 g	jitomates
1 1/2	litros de caldo de carne
3	tortillas chicas
4	cucharadas de aceite
2	cucharadas de cilantro picado
2	cucharadas de harina
1	aguacate
1	huevo

❧ Partir las tortillas en pequeños cuadritos; pasarlos por harina y por huevo batido.

❧ Freírlos en aceite para formar unas frituritas que, enseguida, se colocan en la sopera.

❧ Añadir los jitomates crudos (sin semillas) y picados en cuadritos; el aguacate y el cilantro también picados.

❧ Al momento de servirse, agregar el caldo colado e hirviendo.

❧ Rinde 6 raciones.

Receta de Simona Cabrera de Ruiz

Sopa de pescado

1	pescado grande rebanado, con cabeza
200 g	jitomate
1/4	taza de aceite
3	papas medianas
3	zanahorias
1	cebolla mediana
1	ramita de cilantro
·	chile verde
·	hierbas de olor
·	limón
·	sal y pimienta, al gusto

❧ Lavar el pescado y cocerlo en litro y medio de agua, con la cebolla, cilantro y hierbas de olor.

❧ Cuando esté cocido, sacarlo del caldo y desprenderle toda la carne.

❧ Las zanahorias y las papas se pelan y se parten en cuadritos.

❧ Poner el aceite al fuego; agregar las verduras y dejarlas acitronar; añadir el jitomate, molido y colado; freír muy bien.

❧ Agregar el caldo del pescado, pasado por un colador, y su carne desmenuzada.

❧ Sazonar con sal y pimienta y dejar hervir, hasta que las verduras estén cocidas.

❧ Servir la sopa acompañada de rajitas de limón y chiles verdes picados.

❧ Rinde 6 raciones.

Receta de Consuelo V. de Espino

Sopa de col

1	col mediana
2	litros de agua
3	cebollas chicas, con rabo
2	chiles pasilla
2	jitomates grandes
2	pimientas
1	cebolla mediana
1	diente de ajo, mediano
·	cilantro
·	mantequilla
·	sal, al gusto

♣ Cortar la col en cuatro partes; ponerla al fuego con agua suficiente para cubrirla, junto con los rabos de cebolla, los tallos de cilantro y pimientas, hasta que suavice.

♣ Acitronar la cebolla y los chiles picados; agregarles jitomates y ajo, licuados.

♣ Añadir la col, cortada en trozos chicos; agregando, poco a poco, el agua en la que se coció la propia col.

♣ Para darle el punto a la sopa se le agrega cilantro picado.

♣ Rinde 8 raciones.

Receta de María de los Angeles Hernández Silva

Sopa de aguacate

2	aguacates machacados
1	aguacate en rebanadas
100 g	jamón, cortado en cuadritos
2	tazas de caldo de pollo
1	taza de jugo de tomate
2	clavos de olor
2	cucharadas de limón (el jugo)
1	hoja de laurel
1/2	cucharada de azúcar
·	sal, al gusto

♣ Calentar el caldo de pollo y mezclarle el jugo de tomate, el laurel, los clavos, la sal y el azúcar.

♣ Colar y añadir el puré de aguacate y el jamón.

♣ Hervir todo cinco minutos y poner el limón.

♣ Servir la sopa caliente, adornada con rebanadas de aguacate.

♣ Rinde 6 raciones.

Receta de Blanca Patricia Hernández Ríos

Chileatole

8	elotes
2 1/2	litros de agua
1/2 k	espinazo de cerdo
10	tomates verdes
8	chiles serranos
3	dientes de ajo
2	cucharadas de aceite
1	rebanada de cebolla
1	manojo de cilantro
1	rama de epazote
1	taza de harina de maíz
·	sal, al gusto

♣ Desgranar seis elotes y rebanar los otros dos.

♣ Ponerlos a cocer con sal; a los veinte minutos de hervir, agregarles la carne.

♣ Cocer los tomates junto con los chiles, los ajos y la cebolla, y molerlos con el cilantro y el epazote.

♣ Sazonar esta mezcla en el aceite y añadirla al cocimiento de los elotes con la carne.

♣ Disolver la harina en un poco de agua fría e incorporarla al cocimiento anterior; dejar hervir hasta que espese un poco.

♣ Rinde 8 raciones.

Receta de Guadalupe Quintanilla de Ochoa

Pozole verde

1	pollo cocido, cortado en trozos
1 k	maíz cacahuazintle
1 k	pierna de puerco
1 k	tomates verdes
1	manojo de cilantro
1	cucharada de cal
·	cebolla picada
·	chile piquín molido
·	lechuga picada
·	limones
·	orégano y sal, al gusto
·	rábanos rebanados
·	tostadas
·	crema

- ❦ Poner el maíz en una olla grande con agua suficiente y con la cal (disuelta en un poco de agua).
- ❦ Poner en el fuego y dejar que ablande un poco el maíz y se le desprendan los hollejos.
- ❦ Lavarlo luego varias veces y quitarle la cabecita a cada grano; ponerlo en una cazuela honda con agua y la carne de cerdo en crudo.
- ❦ Cuando los granos hayan ablandado un poco, agregar el pollo (éste se cuece más rápidamente, por ello se pone después).
- ❦ Moler los tomates crudos junto con el cilantro; colar y vaciar en la cazuela. Sazonar con sal
- ❦ Al servir se adorna con orégano, cebolla, lechuga, chile piquín y rábanos. Exprimirle medio limón a cada platillo y acompañar con tostadas untadas con crema.
- ❦ Rinde 20 raciones.

Receta de Guadalupe Quintanilla de Ochoa

Puchero

250 g	alubias
150 g	carne de cerdo
150 g	chambarete
100 g	jamón crudo
50 g	tocino
5	papas chicas
3	zanahorias
2	cucharadas de aceite
2	dientes de ajo
2	jitomates maduros
2	nabos
1	cebolla
1	chorizo
1	morcilla
1	rebanada de col
·	sal, al gusto

- ❦ Hervir las alubias, previamente remojadas en agua.
- ❦ Cuando estén a medio cocer, agregarles las carnes, tocino, jamón, nabos y zanahorias (partidas en cuatro) y la col en pedacitos.
- ❦ Asar los jitomates, molerlos con los ajos y la cebolla; colar y freír.
- ❦ Cuando las alubias estén cocidas, lo mismo que las verduras, agregar el jitomate ya frito; la morcilla y el chorizo enteros; las papas peladas y partidas en dos, y sal al gusto.
- ❦ Dejar hervir todo junto hasta que espese un poco y sazone.
- ❦ Rinde 6 raciones.

Receta de María Angélica Hernández Ríos

Caldo michi

6	pescados bagres, chicos
1/2 k	jitomates
1/2 k	calabacitas
1/4 k	ejotes
1/4 k	papas
1/4 k	zanahorias
2	litros de caldo
2	cebollas grandes
2	chiles anchos
2	chiles cascabel
2	cucharadas de harina
1	chayote
·	aceite
·	sal, tomillo, mejorana y pimienta, al gusto

❧ Dorar la cebolla en un poco de aceite, sacarla y ahí mismo dorar la harina.

❧ Poner los chiles y jitomates, molidos y colados; añadir el caldo y, ya que hierva, agregar las verduras en trocitos, la mejorana y el tomillo. Sazonar con sal y pimienta.

❧ Ya que todo esté bien cocido, incorporar los pescados, en trozos, sólo durante cinco minutos porque se deshacen.

❧ Rinde 8 raciones.

Receta de José Antonio Reyes González

Caldo de carpa

2	carpas limpias
3	jitomates medianos
2	ajos
1	cebolla
1	cucharada de aceite
1	rama de epazote
·	chiles serranos
·	sal, al gusto

❧ Picar finamente los jitomates, la cebolla, los ajos y los chiles. Freírlos en aceite caliente; agregarles agua y sal.

❧ Cuando la preparación hierva, añadir el pescado en trozos; no debe deshacerse. Al final, agregar la rama de epazote.

❧ Rinde 8 raciones.

Receta de Brígida Vázquez Barrientos

Ranas, Pescados y Verduras

De las ranas que forman su nombre, Guanajuato no podía olvidarse. Por ello, este tercer apartado del recetario de su cocina familiar empieza con unas que llevan recaudo. Los verdes bichos se acompañan, grata y suavemente, con chiles serranos, jitomates, cebolla y un poco de masa.

Las aguas interiores del estado aportan especies características y platillos más o menos originales. Tal vez la especie más apetitosa sea el bagre –del que ya se hizo mención al analizar el caldo michi–, por lo que conviene analizar las fórmulas siguientes. El bagre rebozado, de sencilla confección; el bagre horneado con jugo de naranja, aceite de oliva y vino blanco, de gratísimo aroma, y el capón de bagre, un caldoso guiso de tunas agrias o xoconostles y tomates verdes, con chiles guajillo fritos en pedacitos.

La nostalgia marina propone después unas socorridas albóndigas de huachinango, sagazmente aderezadas, y un pescado al horno –robalo– cuya preparación recuerda modelos españoles y veracruzanos, puesto que se aliña gustosamente con alcaparras, aceitunas, aceite de oliva, morrones, etcétera. La torta de arroz y camarones es una propuesta sumamente apetitosa; demanda, epicúrea coquetería, hornearse y coronarse con clara de huevo batida y, para gemas de la corona, espolvorearse con ajonjolí y grageas.

Dominan la sección de verduras del apartado, de manera curiosa, los hongos y los chiles. De la primera se propone, como término inicial, un coctel de champiñones, el cual –según se comenta– "suple perfectamente a los mariscos y tiene muy buen sabor". Sigue el hongo negro del maíz, el cuitlacoche, estofado con epazote y chiles poblanos o como lujoso y premiado relleno de los mismos dúctiles y verdinegros picantes, sazonados con salsa de crema y nuez picada.

Se imprimen enseguida varias ofertas para disfrutar los ajíes o, dicho sea con respetuosa propiedad, ardorosos chiles. Los negros, de chorro (es decir, los chiles poblanos oscuros), bañados con salsa de jitomate y crema, rellenos de queso, quedan a punto; si son unos poblanos tiernos, se pueden refaccionar con frijol bayo gordo, cubrir de crema y pasar al horno; con unos cuantos guajillos, tostados y apachurrados, se asoma después, desafiante, la cazuela de barro con chile de dedo.

La tanda chilera termina sanamente con una fórmula clásica. Rellenos de queso, cubiertos de cebollas y jitomates rebanados, y abundante crema sazonada con sal, se hornean los poblanos y provocan dentera general. Plausible receta.

En cuanto a frijoles, la familia guanajuatense sugiere salpicarlos con xoconostles asados y chiles verdes, y luego –para los estómagos delicados y concluir la sección– estudia unos delicados y mexicanísimos chayotes con crema y unas zanahorias europeas, al vino blanco, gratinadas con queso asadero.

Como no nos falten bagres, comeremos en vigilia

Ranas con recaudo

7	ranas de tamaño regular
200 g	jitomate
2	chiles serranos
1	cebolla
·	masa
·	sal, al gusto

❦ Quitarle la piel a cada una de las ranas y ponerlas a hervir en litro y medio de agua, hasta que se cuezan.

❦ La cebolla, los jitomates y chiles se pican en cuadritos y se agregan al caldo. Poner después un poquito de masa para que espese.

❦ Se deja hervir nuevamente y queda listo para servir.

❦ Rinde 6 raciones.

Receta de Isabel Cabrera

Bagre rebozado

4	huevos
1	limón
1	bagre en filetes
1/2	taza de harina
·	aceite
·	sal y pimienta, al gusto

❦ Lavar los filetes de bagre con agua de limón; secarlos con un trapo de cocina y enharinarlos.

❦ Batir las claras a punto de turrón, agregarles las yemas; sazonar con sal y pimienta.

❦ Introducir el pescado, previamente enharinado, en el huevo batido y luego freír los filetes en aceite.

❦ Rinde 6 raciones.

Receta de Ma. del Socorro Ruiz Cabrera

Bagre

1	bagre limpio (1 1/2 k)
1/2	vaso de vino blanco
1/4	taza de aceite de oliva
4	naranjas (el jugo)
4	ajos
1	cebolla grande
·	sal y pimienta, al gusto

❦ Colocar el pescado en un recipiente refractario; agregarle el jugo de naranja, aceite y vino blanco.

❦ Sazonar con sal, pimienta y los ajos finamente picados.

❦ Cubrir el pescado con la cebolla rebanada y tapar el refractario con papel aluminio.

❦ Hornear durante veinte minutos.

❦ Rinde 8 raciones.

Receta de Beatriz Elena Rodríguez de Lozano

Capón de bagre

1	bagre limpio (1 1/2 k)
25	tomates verdes
8	xoconostles, sin cáscara y sin semillas
4	chiles guajillo
1	cebolla
·	cilantro

❦ Picar los tomates, los xoconostles, el cilantro y la cebolla; freírlos en dos cucharadas de aceite.

❦ Cuando estén acitronados, se les agrega el pescado bagre, entero, y un poco de agua, de modo que el guiso quede caldoso.

❦ Al final se ponen los chiles, fritos en pedacitos.

❦ Rinde 8 raciones.

Receta de Magdalena Pérez Mariscal

Pescado al horno

1	robalo entero (2 k)
100 g	aceitunas
100 g	alcaparras
2	dientes de ajo
2	jitomates grandes
1	cebolla en rebanadas delgaditas
1	latita de chiles morrones
1	ramita de hierbabuena
1	ramita de perejil
1	limón
·	aceite de oliva
·	chiles en vinagre
·	hierbas de olor
·	sal y pimienta

❦ Lavar el pescado, secarlo y untarlo con ajo machacado y limón; agregar pimienta y sal.

❦ Pelar los jitomates, quitarles las semillas y picarlos finamente, junto con el perejil, hierbabuena, cebolla, hierbas de olor, aceitunas, alcaparras y los chiles en vinagre.

❦ Agregar tres cucharadas de aceite y revolver todo muy bien. Bañar el pescado con la mezcla y colocarlo luego en un refractario.

❦ Adornarlo con tiras de chile morrón y meterlo al horno con un poco de agua para que no se reseque.

❦ Rinde 8 raciones.

Receta de María Concepción Mariscal Lías

Albóndigas de pescado

250 g	huachinango
250 g	papas
1/2	litro de agua
6	cucharadas de aceite
2	huevos
2	pimientas gruesas
1	cebolla
1	hoja de laurel
1	lechuga
·	aceite
·	pan molido
·	vinagre
·	sal y pimienta

❦ Cocer el pescado en medio litro de agua hirviendo, con la mitad de la cebolla, pimientas, sal y laurel.

❦ Ya cocido, quitarle las espinas y molerlo con la otra mitad de la cebolla. Agregar las papas (cocidas y prensadas) y un huevo; sazonar con sal y pimienta.

❦ Preparar las albóndigas con esta pasta y pasarlas por el otro huevo (ligeramente batido) y por el pan molido.

❦ Freírlas en el aceite caliente, para dorarlas. Servirlas con lechuga picada, sazonada con aceite, vinagre y sal. Adornar el platón con hojas grandes de lechuga.

❦ Rinde 6 raciones.

Receta de María del Socorro Ruiz Cabrera

Cuitlacoche estofado

250 g	cuitlacoche
2	chiles poblanos
1	cebolla de tamaño regular
1	ramita de epazote
·	manteca o aceite
·	sal, al gusto

❦ Limpiar el cuitlacoche con un trapo húmedo y cortarlo en trozos pequeños. Asar los chiles, desvenarlos y cortarlos en rajas.

❦ Picar la cebolla y freírla junto con los chiles, agregando después el cuitlacoche y el epazote; sazonar con sal.

❦ Tapar el recipiente y dejarlo a fuego lento durante quince minutos.

❦ Rinde 6 raciones.

Receta de Jovita V. Vda. de Domínguez

Torta de arroz y camarones

1	taza de arroz
200 g	camarones
1	taza de chícharos cocidos
3	cucharadas de pan rallado
2	cucharadas de aceite
2	cucharadas de ajonjolí
1	cucharada de gragea
3	huevos
1	clara

- ❤ Cocer el arroz el día anterior. Freír los camarones; ya cocidos, agregar los chícharos y espolvorear el pan frío rallado.
- ❤ Batir los huevos y revolver todo.
- ❤ Untar una cazuela con manteca y poner en ella la mezcla anterior; hornear.
- ❤ Agregarle por encima una clara de huevo batida, antes de que la torta cuaje; luego, añadir ajonjolí y gragea. Se sirve seca.
- ❤ Rinde 6 raciones.

Receta de María Barrientos de la Rivera

Coctel de champiñones

1/2 k	champiñones
1/2	taza de salsa de jitomate
6	chilitos serranos, picados
3	cucharadas de cebolla picada
3	jitomates, picados
1	cucharadita de salsa picante
1	diente de ajo
·	sal, al gusto

- ❤ Cocer los champiñones, con ajo y sal, durante cinco minutos; escurrirlos y picarlos.
- ❤ Agregar la cebolla, jitomates y chiles picados finamente, salsa de jitomate y salsa picante con un poco de agua.
- ❤ Servir en platos chicos o en copas.
- ❤ Rinde 6 raciones.

Receta de Moraima González Ledesma

Chiles rellenos de cuitlacoche

12	chiles poblanos asados, pelados y desvenados
800 g	cuitlacoche
200 g	cebolla picada
100 g	mantequilla
1	diente de ajo
·	sal y pimienta, al gusto
•	Salsa
1/2	litro de crema
200 g	nuez picada
100 g	cebolla finamente picada
1	rama de epazote

- ❤ Picar el cuitlacoche y ponerlo a cocer. Saltearlo en mantequilla con un diente de ajo y cebolla.
- ❤ Rellenar los chiles, uno a uno, con el cuitlacoche.
- ❤ Colocarlos en un platón refractario, engrasado, y hornear a 180°C, durante diez minutos.
- ❤ Sacarlos y bañarlos con la salsa y la nuez picada.
- ❤ Rinde 12 raciones.

Salsa
- ❤ Calentar el medio litro de crema con la cebolla y el epazote finamente picados.

Receta de María de los Ángeles Vda. de Echeverría

Chiles rellenos de frijol

12	chiles poblanos tiernos, asados, pelados y desvenados
1/4 k	cebolla picada
1/4 k	frijol bayo gordo
1/4 k	jitomates
12	rebanadas de queso fresco
1/2	taza de manteca o aceite
1/4	litro de crema
4	cucharadas de aceite de oliva
4	dientes de ajo
1	cucharada de perejil picado
·	sal y pimienta, al gusto

🌱 Bien cocidos, moler los frijoles.

🌱 En la manteca caliente freír la cebolla; cuando esté suave, agregar el jitomate molido y colado; añadir los frijoles a que sazonen, moviendo constantemente.

🌱 Dejar que espesen y queden bien sazonados, con sal, pimienta y perejil. Rellenar los chiles con esta masita, añadiendo a cada uno, en el centro, una rebanada de queso.

🌱 Freír el ajo en aceite de oliva, sacarlo y pasar los chiles, ya rellenos, por este aceite.

🌱 Colocarlos en un platón refractario; cubrirlos con la crema, sal y pimienta. Meterlos al horno, a que sazonen.

🌱 Rinde 12 raciones.

Receta de Guadalupe R. de Usabiaga

Chile de dedo

1 k	tomates de hoja
50 g	chiles guajillo
6	ramitas de cilantro
2	dientes de ajo
1	cebolla grande

🌱 Asar los tomates, pelados, en un recipiente tapado; se voltean con frecuencia para que no se quemen.

🌱 Bien lavados los chiles, se tuestan; se les quitan las semillas y se hacen pedacitos; se les pica la cebolla, ajos y cilantro.

🌱 En una cazuela, de preferencia de barro, se ponen los tomates pelados y asados, quitándoles antes lo quemado.

🌱 Después se apachurran muy bien con los dedos; se agrega el ajo, chiles, cebolla y cilantro picaditos.

🌱 Se añade un poquito de agua y sal, al gusto; se revuelve y queda listo para servirse.

🌱 Rinde 6 raciones.

Receta de Rosa María Solórzano de Gutiérrez

Chiles con crema

8	chiles de chorro (negros)
1/2 k	jitomates
1/4	litro de aceite
1/4	litro de crema
350 g	queso fresco
1	diente de ajo
1/2	cebolla chica
·	sal y vinagre

🌱 Asar los chiles; pelarlos y ponerlos a remojar con sal y vinagre durante diez minutos; enjuagarlos y escurrirlos muy bien.

🌱 Rellenarlos con queso. Los jitomates se pican y muelen con el ajo y la cebolla.

🌱 Freír los chiles en un poquito de aceite y colocarlos en un molde previamente engrasado.

🌱 Verterles encima el jitomate y, por último, la crema.

🌱 Meterlos al horno durante diez minutos.

🌱 Rinde 6 raciones.

Receta de Elsa G. de Liera

Chiles poblanos al horno

8	chiles poblanos
200 g	queso
1/4	litro de crema
4	jitomates
3	cebollas
1	cucharadita de mantequilla
·	sal, al gusto

❦ Asar, pelar y desvenar los chiles; darles un hervor en agua de sal para suavizarlos. Escurrirlos y rellenarlos con queso.

❦ Acomodarlos en un refractario, engrasado con mantequilla, sobre una capa de cebollas y jitomates rebanados; sobre los chiles colocar, a su vez, otra capa de cebollas y jitomates rebanados.

❦ Cubrir la preparación con crema sazonada con sal; hornearla durante media hora.

❦ Rinde 8 raciones.

Receta de Teresa García de Valdés

Chayotes con crema

1 k	chayotes
200 g	queso
1/2	taza de crema
3	cucharadas de mantequilla
2	jitomates picados
1	diente de ajo, picado
1/2	cebolla
	aceite
·	sal, al gusto

❦ Cocer los chayotes sin cáscara al vapor; cortarlos en trozos chicos.

❦ Calentar la mantequilla en una cacerola con aceite y acitronar la cebolla picada finamente, con un trocito de ajo y los jitomates; sazonar.

❦ Agregar el chayote; una vez que esté bien guisado, servirlo con crema y queso. (Antes de servir, rectificar la sal.)

❦ Rinde 8 raciones.

Receta de María Teresa Quintero Aranda

Frijoles con xoconostles

1 k	frijoles cocidos
20	chiles verdes
2	tazas de xoconostles rojos
1	taza de cebolla
1/2	taza de cilantro
2	cucharadas de manteca
·	un poco de sal

❦ Asar los xoconostles con cáscara; pelarlos y sacarles las semillas.

❦ Picarlos al igual que la cebolla, el cilantro y los chiles.

❦ Freír los frijoles en manteca y dejarlos hervir con el caldo.

❦ Al servirlos, en plato de barro hondo, salpicar con el xoconostle, chile verde, cebolla y cilantro anteriormente picados.

❦ Rinde 8 raciones.

Receta de Lorenia Morales de Escárcega

Zanahorias con vino blanco

1/2 k   zanahorias, partidas en tiras
       de 3 cm
50 g   mantequilla
1 1/2   tazas de agua
1   copa de vino blanco
1   cucharadita de cebolla
       finamente picada
1   cucharadita de consomé en
       polvo
·   queso asadero, al gusto

❦ Freír la mantequilla a fuego lento con la cebolla y las tiras de zanahoria; mover y tapar.

❦ Cuando las zanahorias estén cristalinas, agregar el agua, el consomé en polvo y el vino blanco. Tapar y dejar hervir hasta que el guiso se consuma.

❦ Colocar las zanahorias en un refractario con el queso rallado por encima; hornear a que gratine.

❦ Rinde 6 raciones.

Receta de Rebeca Vera Bustamante

Sencillez en muchas ocasiones y, casi sorprendente-
mente, complejidad extrema, son pautas que marcan
la abundante y riquísima selección del cuarto apartado del recetario de la cocina familiar guanajuatense.

Producto del laborioso trabajo agrícola, corral y
huerto logran una buena conjunción. Original es, así,
la primera fórmula para el pollo, pues incluye no sólo
verduras, sino frutas como la pera, la manzana, el mem-
brillo y el durazno. A continuación se ofrecen dos recetas para volátiles almendrados: la primera para un
pollo con pasas y chiles güeros, la segunda para una gallina bañada con una salsa que suma yemas cocidas, canela y pan dorado, entre otros ingredientes.

El cuñete es platillo popular en el Bajío. Deriva su
nombre de los pequeños barriles de madera en que se
transportaban y conservaban alimentos, originalmente
en el vinagre y el aceite de la tradición árabe. De ahí surgieron los escabeches, ahora base de múltiples guisos.

El pato al lodo con xoconostles es propuesta
magnífica, digna del paladar de cazadores y otros selec-
tos comensales. Típico también de la región –celayense
de origen– es el pollo en salsa de uvas, una especie de
fricasé con crema y limón.

Las piaras del Bajío son gordas y famosas. Lo
confirma el recetario familiar con sus variados platillos a base de carne de cerdo. Da principio con un
chorizo, "tipo bacalao", con sus aceitunas y chiles
güeros; prosigue, en la misma tradición hispánica, con

un lechoncito horneado con jugo de naranjas agrias,
chiles anchos, vinagre, cominos, ajo y aceite; explora
luego un "asado" barroco, en vino blanco, que lleva
laurel, tomillo, ajo, vinagre, ciruelas, chiles jalapeños,
mostaza y verduras como betabel, jitomate y papa.

Tentadores –a qué negarlo– son los lomos de un
gorrino. Se agradecen, pues, los consejos para bien hor-
nearlos. Hay que escoger entre sazonarlos con tequila,
como se apunta en el primer caso, con algunos morrones y jalapeños, idea que resulta original y apetitosa, aunque no más que la segunda propuesta en la cual se bañan
los tales lomos en salsa del diablo, esto es, una sápida e
infernal mixtura de chiles anchos, crema y mostaza.

El mitre es platillo de celebración. Conjunta
carnero, carne de puerco y gallina; cárnicos que se ponen a cocer, en una vaporera, sobre pencas de maguey,
y se bañan, torvamente, con pulque y vinagre. El cabrito al horno también es preparación para días de
fiesta grande y, aunque la receta disimula como si fue-
se sencilla, aprovecha recordar el refrán francés: el co-
cinero se hace, pero asador se nace.

Complicada y mestiza barbacoa, a la manera de
Chipilo, surge en la receta siguiente. Se trata de coci-
nar por largas horas un borrego o un chivo, con chiles anchos y cascabel, hierbas de olor, hojas de
aguacate y pencas de maguey. La misma receta explica la forma de preparar el "montalallo", con lo cual se
alude al relleno de la panza, ya limpia, confeccionado
con las propias vísceras del animal.

Salud y días y ollas; compadre, así se componen las cosas

Y ya que de vísceras se habla, ¿qué tal unos riñones a la mexicana? Conforman las delicadas suculencias un platillo irrepetible. Las albóndigas con chicharrón aparecen en otra página y son muy sabrosas.

Antes de llegar al fastuoso epílogo de la olla podrida, se suma todavía un par de recetas memorables. Las tortitas de carne, con su dulce garapiña de almendras y pasas, y un singular fiambre de lengua de res, patitas de puerco, verduras y frutas, en este caso lechuga, cebolla, aguacate, jícamas, manzanas, naranjas y guayabas.

La quijotesca olla podrida –fuegos de artificios deslumbrantes, para cerrar el apartado– evoca las bodas de Pacheco de la genial novela cervantina, con sus carnes de puerco, res, cabrito y pollo y sus verduras, en la ocasión zanahorias, papas, ejotes, acelgas, etc. El sabor mexicano lo regalan, en historiada proporción, el pulque y los chiles.

Pollo en huerto

1	pollo
4	duraznos
4	jitomates
3	manzanas
2	dientes de ajo
2	elotes tiernos
2	peras
1	cebolla
1	membrillo
1	rama de perejil
·	hierbas de olor

❦ Cocer el pollo partido en raciones.

❦ Freír el elote ligeramente; agregarle los jitomates, cocidos y molidos con ajo y cebolla.

❦ Añadir enseguida la fruta picada, a que dé un hervor. Agregar el pollo en raciones, las hierbas de olor y el perejil; debe quedar un caldillo espeso.

❦ Agregar un poco del caldo del propio pollo para que acabe de cocerse. Se sirve caliente.

❦ Rinde 6 raciones.

Receta de Rosario N. de Valenzuela

Pollo almendrado

1 k	pollo
1/2	cebolla
20	almendras
4	galletas saladas
3	jitomates
2	chiles güeros, en vinagre
2	cucharadas de pasas
2	dientes de ajo
1	cucharada de consomé
·	papas y verduras, al gusto
·	aceite

❦ Cocer el pollo en piezas, con verduras y papas.

❦ Calentar el aceite y dorar la cebolla, ajos, almendras y pasas; agregar las galletas y también dorarlas.

❦ Retirar y freír los jitomates enteros, con piel.

❦ Poner todo en la licuadora, con un poco de caldo, y los jitomates previamente pelados. Moler los ingredientes, añadiendo los chiles güeros.

❦ Calentar un poco más de aceite e incorporarle la salsa; sazonar con el consomé en polvo. Agregar el pollo cocido, las papas y verduras.

❦ Rinde 6 raciones.

Receta de Eva Cuéllar Soto

Gallina en salsa de almendras

1	gallina
1/2 k	jitomates
200 g	almendras
100 g	manteca
5	pimientas
4	rebanadas de pan dorado
4	yemas de huevo cocido
2	cucharadas de perejil picado
1	cebolla mediana
1	diente de ajo
1	rajita de canela

❦ Cocer la gallina, ya partida en raciones.

❦ Freír las almendras sin pelar, la cebolla, el ajo y los jitomates, en la mitad de la manteca.

❦ Moler con el resto de los ingredientes; sazonar con sal, al gusto. Freír todo en la manteca sobrante, agregando el perejil.

❦ Poner un poco de caldo en el que se coció la gallina; dejar hervir hasta que la salsa quede espesa.

❦ Agregar las raciones de gallina y servir caliente.

❦ Rinde 6 raciones.

Receta de Lorenia Morales de Escárcega

Cuñete

1	guajolote
1	litro de vinagre
1	taza de aceite de oliva
1	taza de hojas de perejil
5	dientes de ajo
5	pimientas
4	tomates
3	clavos
1	cebolla
1/2	cucharadita de nuez moscada
·	hierbas de olor y sal, al gusto

❦ Partir un guajolote en raciones; freírlas en aceite con ajos. Acomodarlas en una olla y preparar la salsa.

❦ Incorporar a la carne, con el vinagre, un poco de agua y el aceite de oliva. Se cuece a fuego lento.

❦ Rinde 10 raciones.

Salsa

❦ Moler el perejil, tomates, cebolla y ajos fritos, la nuez moscada, clavos, pimientas, hierbas de olor y sal.

Receta de Lorenia Morales de Escárcega

Pato al lodo

1	pato tierno
10	xoconostles
·	hierbas de olor
·	lodo, el necesario

❦ Destripar el pato y escurrir su sangre (sin quitarle las plumas al pato). Al día siguiente, lavarlo muy bien y rellenarlo con hierbas de olor y xoconostles.

❦ Formar una bola con lodo, cuidando que el pato quede en el centro de ella. Cocer, entre brasas de leña, durante dos o tres horas.

❦ Dejar enfriar un poco y dar un golpe fuerte en el centro de la bola de lodo para que quede al descubierto la carne del pato, cocida y apetitosa, desprovista de las plumas que se adhieren al lodo cocido.

❦ Rinde 8 raciones.

Receta de Lorenia Morales de Escárcega

Pollo en salsa de uvas

3	pechugas
100 g	mantequilla
30 g	harina
3/4	litro de jugo de uva
1/8	litro de crema
3	cucharadas de perejil picado
2	yemas
1	cebolla finamente picada
1	limón
·	sazonador para carne de aves
·	sal y pimienta, al gusto
·	uvas sin cáscara, salteadas en mantequilla

❦ Pasar las pechugas por la harina y el sazonador; freírlas en la mantequilla. Antes de que doren, agregarles la cebolla picada; añadir jugo de uva, sal y pimienta al gusto.

❦ Tapar la cacerola y dejar hervir a fuego suave. Ya que se hayan cocido, agregar jugo de uva mezclado con las yemas y la crema.

❦ Dar un hervor y agregar unas gotas de limón.

❦ Colocar en un platón y espolvorear con perejil picado. Servir las pechugas acompañadas con uvas salteadas en mantequilla.

❦ Rinde 6 raciones.

Chorizo tipo bacalao

1 k	chorizo
150 g	aceitunas
3	ajos
3	cebollas
3	cucharadas de aceite
3	jitomates grandes
1	lata de chiles güeros, en escabeche
·	consomé en polvo
·	sal y pimienta, al gusto

❦ Calentar el aceite en una sartén y añadir el chorizo, en trozos grandes.

❦ Cuando esté a medio cocer, agregar los jitomates y las cebollas en rebanadas y los ajos picados.

❦ Ya que todo esté bien cocido, añadir los chiles güeros y las aceitunas.

❦ Sazonar con sal, pimienta y consomé en polvo.

❦ Rinde 8 raciones.

Receta de Patricia Ponce Núñez

Lechón horneado

1	lechoncito (10 k)
1/4 k	chiles anchos
2	cucharadas de orégano molido
1	litro de jugo de naranja agria
1	taza de aceite
1/2	taza de vinagre
1	cabeza de ajo machacada
1	pizca de cominos
·	cebolla rallada
·	sal y cominos, al gusto

❦ Lavar el lechón y aderezarlo con sal, frotarlo con el orégano y la cabeza de ajo machacada.

❦ Rallar la cebolla y unir al vinagre y aceite; bañar y frotar al lechón con esta mezcla por todas partes.

❦ Espolvorearlo con un poco de comino (tener en cuenta que el comino tiene sabor muy fuerte); dejar en remojo medio día.

❦ Moler el chile con el jugo de naranja agria, bañar el lechón y dejarlo reposar unas horas más.

❦ Hornear durante 4 o 5 horas, bañándolo en su jugo; voltear para que el lechón se hornee parejo, a temperatura mediana.

❦ Rinde 60 raciones.

Receta de Lorenia Morales de Escárcega

Cabrito al horno

1	cabrito
200 g	mantequilla
2	limones
·	sal, al gusto

❦ Partir el cabrito en raciones, lavarlo y dejarlo escurrir muy bien.

❦ Colocar las raciones en una cazuela curada, añadir el jugo de los limones, sal y mantequilla.

❦ Tapar y meter al horno durante tres horas, a temperatura regular.

❦ Rinde 10 raciones.

Variación

❦ El cabrito se aliña con chiles guajillo y se rellena con sus propias vísceras condimentadas con hierbas de olor.

Receta de Lorenia Morales de Escárcega

Lomo en tequila

1 k lomo de cerdo, limpio de grasa
15 aceitunas
4 dientes de ajo
3 chiles jalapeños, cortados en tiras
2 chiles morrones, cortados en tiras
1 copa de tequila
1 cucharada de harina
· aceite
· pimienta, sal y consomé de pollo en polvo, al gusto

❦ Hacer un orificio en el lomo, a todo lo largo; rellenarlo con aceitunas, chile morrón y chile jalapeño, todo bien picado.
❦ Untar el lomo con los ajos, pimienta, sal y consomé de pollo. Acomodarlo en un refractario hondo, añadiendo un poco de agua.
❦ Tapar y hornear durante hora y media aproximadamente.
❦ Cuando la carne esté suave, agregar el tequila y dejarla cocer unos minutos más.
❦ Retirar la carne y dejarla enfriar. Cortarla en rebanadas delgadas.
❦ Freír la harina, agregarle el caldo a formar una salsa; colar y servir con el lomo.
❦ Rinde 8 raciones.

Receta de Teresa García de Valdés

Lomo en salsa del diablo

1 k lomo de cerdo
1/2 litro de agua
1/2 litro de vinagre
4 cubitos de caldo de res
2 dientes de ajo, machacados
· sal y pimienta, al gusto

• Salsa
1 litro de crema, previamente helada y batida
3 cucharadas de jugo de carne concentrado
1 cucharada de mostaza
1 chile ancho desvenado, remojado y molido
· sal y pimienta, al gusto

❦ Untar el lomo con ajos, sal y pimienta.
❦ Desbaratar los cubitos de caldo de res con el vinagre caliente y bañar la carne; dejarla reposar una o dos horas.
❦ Colocar el lomo en una charola de horno o molde refractario con el vinagre en el que reposó.
❦ Meter a horno moderado durante una hora; una vez consumido el vinagre, agregar el agua; dejar hasta que el lomo esté cocido; retirar del horno.
❦ Sacarlo del jugo y dejarlo enfriar; rebanarlo y colocarlo en un platón, con la salsa en el centro.
❦ Rinde 6 raciones.

Salsa
❦ La crema batida se incorpora al chile (con movimiento envolvente para que no se baje la crema); se agrega el jugo de la carne, sal y pimienta.
❦ Adornar con aceitunas rellenas y ramitas de perejil.
❦ Esta salsa también sirve para pescado, pollo y lengua.

Receta de Purísima de Bustos

Guanajuato

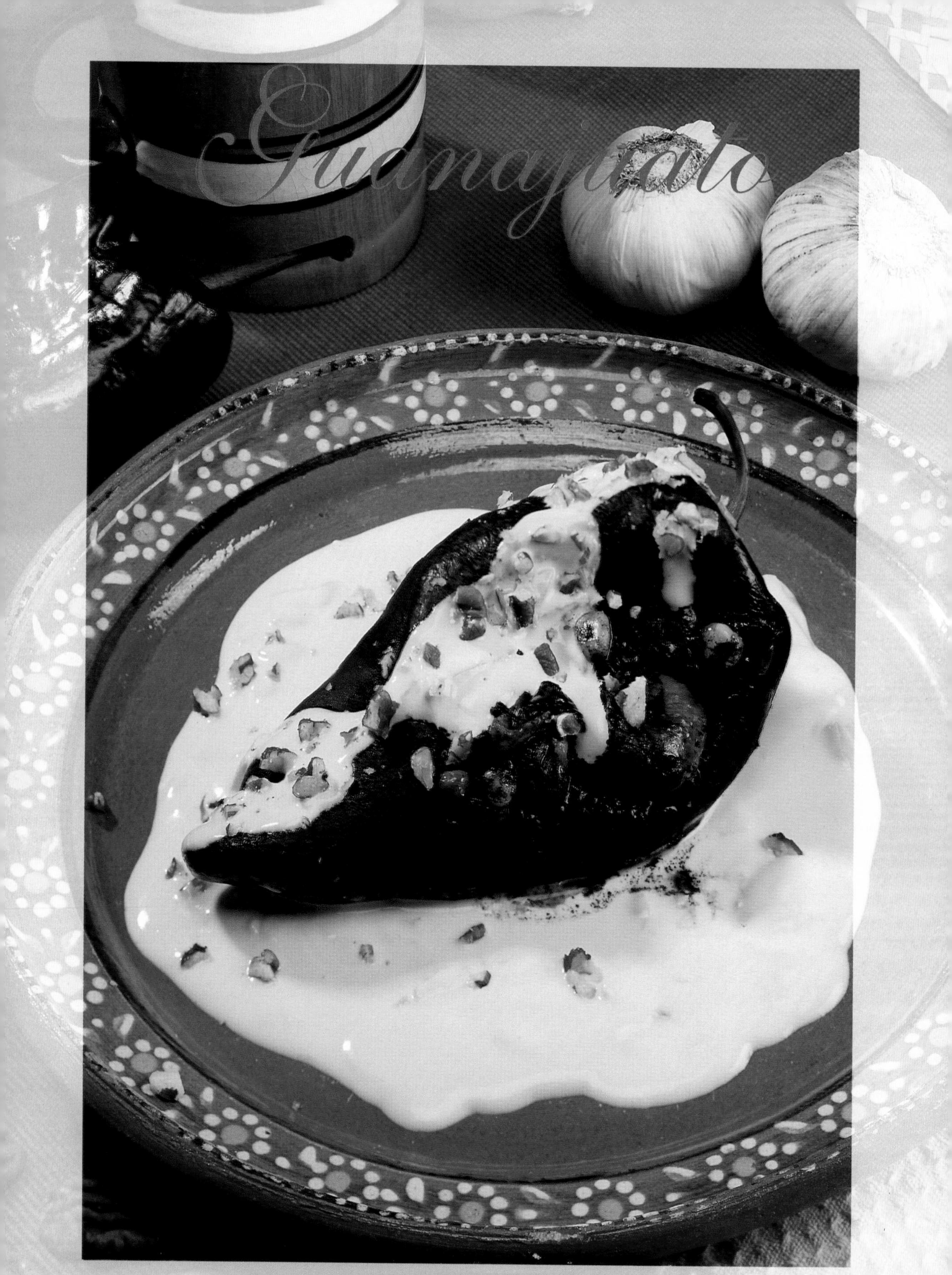

Mitre

1   carnero
1   gallina
3 k   carne de puerco
5   cebollas
5   hojas de laurel
1   lata de chiles jalapeños, en rajas
·   ajos
·   pencas de maguey
·   pulque
·   vinagre
·   sal, al gusto

❦ Cortar las carnes en trozos y dejarlos reposar, desde la víspera, untados con bastante ajo, sal y vinagre.

❦ Ponerlos a cocer en una vaporera sobre pencas de maguey asadas, procurando que no le falte agua al recipiente.

❦ Al cabo de una hora, darles un baño de pulque, añadir los chiles jalapeños en rajas y un poco de sal.

❦ Cuando la carne esté casi cocida, darle otro baño con un poco de vinagre con cebollas y laurel molidos.

❦ Rinde 40 raciones.

Receta de Lorenia Morales de Escárcega

Barbacoa y montalallo a la manera de Chipilo

1   borrego o chivo (30 k)
1 k   lonja de cerdo, picada
100 g   chiles anchos
100 g   chile cascabel
50 g   consomé de pollo granulado
10   hojas de aguacate
10   pencas de maguey
3   cabezas de ajo
2   cebollas grandes
1   cucharada de pimienta molida
1   manojo de hierbas de olor (laurel, tomillo, mejorana y orégano)
·   agua de cal
·   sal, al gusto

❦ Sacrificar al animal con un día de anticipación; las vísceras se deberán voltear y lavar con agua de cal; reservar la panza para rellenar.

❦ Las demás vísceras y asaduras se cortan en trocitos de tres a cuatro centímetros.

❦ Cocer los chiles y molerlos con los ajos, cebollas, hierbas de olor, hojas de aguacate, pimienta, consomé de pollo granulado y sal.

❦ Rinde 120 raciones.

Barbacoa

❦ Cortar el animal aproximadamente en diez trozos y cubrirlos con la salsa.

❦ Poner en una vaporera seis litros de agua (el agua no debe cubrir la parrilla).

❦ Colocar luego una capa de pencas, una de carne, después otra de pencas, alternando así sucesivamente y, al final, colocar la panza con el montalallo.

❦ Tapar y dejar cocer.

Montalallo

❦ Rellenar la panza limpia con las vísceras, la lonja y la mitad de la salsa y amarrarla bien.

Receta de Juan Merlo Mioni

Riñones a la mexicana

1/2 k   riñones
3   dientes de ajo
1 1/2   cebollas
1   cucharada de vinagre
1   limón
1   jitomate grande
1   pizca de pimienta negra
·   chiles largos en vinagre
·   sal y orégano, al gusto

❦ Rebanar y lavar los riñones; ponerlos a desodorizar, dos o tres horas, en agua con jugo de limón y un trozo de cebolla machacada.
❦ Escurrirlos y ponerlos al fuego en una sartén con dos cucharadas de aceite; tapar; ya que suelten bastante jugo, dejarlos hervir durante veinte minutos.
❦ Se prepara el recaudo: rebanar la cebolla en rajas, picar el jitomate y los ajos.
❦ Se agregan los riñones junto con la pimienta, el orégano y el vinagre y se dejan sazonar durante quince minutos más.
❦ Servir los riñones con chiles largos en vinagre.
❦ Rinde 6 raciones.

Receta de Lorenia Morales de Escárcega

Albóndigas con chicharrón

3/4 k   carne de res molida
150 g   chicharrón delgado
3   tazas de agua
4   cucharadas de cilantro finamente picado
2 1/2   cucharadas de consomé de pollo en polvo
2   cucharadas de aceite
2   cucharadas de cebolla finamente picada
4   chiles jalapeños, en rajas
4   jitomates grandes, picados
2   dientes de ajo, finamente picados
2   huevos crudos
·   pimienta, al gusto

❦ Triturar muy bien el chicharrón y mezclarlo con la carne, los huevos, el cilantro, ajo y cebolla, sazonando con la pimienta y la mitad del consomé en polvo.
❦ Formar las albóndigas con las manos húmedas y dejarlas reposar quince minutos.
❦ Freír juntos los jitomates y los chiles, en aceite caliente. Agregarles el agua y el resto del consomé.
❦ Al hervir, incorporar las albóndigas. Dejar cocer durante veinte minutos más, a fuego lento.
❦ Rinde 8 raciones.

Receta de Blanca Patricia Hernández Ríos

Fiambre tradicional

1	lengua de res (2 k)
1	pollo cocido y partido en raciones
1 1/2 k	queso de puerco
10	patas de puerco
10	guayabas
5	manzanas
4	naranjas
3	aguacates
3	jícamas
2	cebollas medianas
2	cucharadas de vinagre
2	lechugas
·	chiles en vinagre
·	hierbas de olor, ajos y sal

🌑 Cocer la lengua y las patitas, partidas en dos, con ajo, sal y hierbas de olor, con cuidado para que no se desbaraten.

🌑 Cocer el pollo con sal, cebolla y hierbas de olor; ya cocido, agregarle un poco de vinagre.

🌑 Lavar y picar la lechuga finamente y hacer con ella una cama en cada platillo.

🌑 Colocar alrededor rebanadas de fruta y tiras largas de aguacate; sobre la lechuga se pone una rebanada de queso de puerco, una pieza de pollo, una buena rebanada de lengua y la mitad de una patita; encima se ponen chiles en vinagre.

🌑 Servir con salsa de jitomate.

🌑 Rinde 15 raciones.

Receta de Virginia Bravo de Mosqueda

Asado en vino blanco

1 k	lomo de cerdo, en trozos
1/4 k	papas cocidas
150 g	ciruela
1/2	taza de crema
1	taza de leche
1	taza de vinagre
1/2	botella de vino blanco
1	cucharada de azúcar
1	cucharadita de mostaza
1	cucharadita de tomillo
6	soletas
4	dientes de ajo
3	betabeles cocidos
3	jitomates asados (molidos con una cebolla y colados)
2	hojas de laurel
·	chiles jalapeños
·	sal y pimienta, al gusto

🌑 Freír el lomo. Agregarle un poco de agua, vinagre y vino blanco, las ciruelas deshuesadas, laurel, ajos, tomillo, azúcar, sal y dejarlo hervir a fuego suave.

🌑 Ya que esté blanda la carne y se haya resecado un poco el agua, sacar los ajos y las hojas de laurel; agregar el jitomate colado, desmoronar las soletas e incorporarlas para formar una salsa, no muy espesa.

🌑 Dejar hervir otro rato y retirar de la lumbre.

🌑 Servir con la siguiente ensalada: papas y betabeles (cocidos y picados), sal, pimienta, chiles jalapeños (picados), un poco del vinagre de los chiles, crema, leche y una cucharadita de mostaza.

🌑 Rinde 8 raciones.

Receta de Margarita O. de Carlos

Tortitas de carne

3/4 k	carne cocida del puchero
1/4	taza de puré de jitomate
5	cucharadas de pan molido
1	cucharada de manteca o aceite
1	cucharadita de cebolla picada
1	cucharadita de perejil picado
12	almendras
12	pasitas
6	aceitunas
2	huevos
·	sal y pimienta, al gusto
·	aceite

❦ Remojar las almendras (peladas y picadas), las pasitas (picadas); deshuesar las aceitunas y picarlas.

❦ Freír en manteca la cebolla; cuando esté transparente, agregar puré de jitomate, perejil y pan molido. Sacarlo del fuego y mezclarlo con la carne picada, los huevos batidos, las pasas, almendras y aceitunas.

❦ Sazonar bien la mezcla con sal y pimienta.

❦ Calentar una sartén y freír en aceite las tortitas (éstas se forman con la ayuda de dos cucharas).

❦ Se sirven doradas, con una ensalada o dentro de un caldillo.

❦ Rinde 6 raciones.

Receta de Beatriz Elena Rodríguez de Lozano

Olla podrida

1/2 k	cabrito
1/2 k	carne de res
1/2 k	carne maciza de puerco
1/2 k	pollo
100 g	ejotes
4	litros de pulque
4	chiles anchos
4	zanahorias
3	dientes de ajo
2	calabacitas
2	chayotes
2	papas
1	manojo de hierbas de olor
1	pizca de cominos
1	raja de canela
1	ramo de acelgas

❦ Cortar carnes y verduras.

❦ Poner el pulque a fuego muy suave.

❦ Cuando hierva, agregar las carnes y hierbas de olor; al suavizar las carnes, incorporar las verduras.

❦ Remojar los chiles y molerlos con canela, cominos y ajos. Agregar la preparación molida a la olla; poner sal.

❦ Este puchero se sirve con jugo de limón y chiles en vinagre.

❦ Rinde 10 raciones.

Receta de Lorenia Morales de Escárcega

Postres, Dulces y Panes

POSTRES, DULCES Y PANES

Respetuosa de la gran producción fresera estatal, la cocina familiar guanajuatense inicia el apartado con una excelente Carlota –pastel a base de rebanadas finas de pan o galletas, que incorpora frutas– de la bella, incitante y roja frutilla.

Aparece después una propuesta, aparentemente simple, para preparar cajeta –las de Celaya son famosas– con buena leche cruda y azúcar suficiente, que sin embargo requiere muchísimo cuidado para no quemar el dulce y paciencia infinita para "meneallo" sin cesar.

Ya que se examinan dulces de leche, conviene detenerse en el de elote; un postre nacional, de lujo. El dulce antiguo, acto seguido, es una delicadísima crema que debe paladearse en tarde suave de brisa tibia, de murmullos y suspiros hondos (y panza llena, por supuesto). Prosigue un arroz con leche cuya fórmula, sin alejarse de lo tradicional, suma ingredientes como piñones, pasas y biznaga, en proporción al gusto y bolsillo de la cocinera.

Otro sencillo postre –griego de origen, pues viene del Olimpo– es el requesón batido. Azúcar, miel virgen, el propio requesón ni más, ni menos, salvo unas grageas para recubrir el turrón. Logra sabores mágicos, de infancia lejana, lo cual no impide que también sea arrobo de la chiquillería.

La canela preside las dos recetas siguientes: unos "encanelados" a base de harina, fécula de papa, ron, mantequilla y azúcar, y unas prometedoras y accesibles "bolitas" horneadas; ambas gustosísimas.

Con los frutos de la tierra se elaboran golosinas espléndidas; la cocina familiar lo sabe y explica cómo aprovechar la jícama, el jitomate y los xoconostles. Para el fresco y blanco tubérculo, se añade leche, yemas, azúcar y un cocimiento de hojas de higuera; los incendiarios soles del huerto se combinan con la pulpa de la fresa para recrearse en una atractiva mermelada; las tunas ácidas sólo piden agua y azúcar para convertirse en una compota incitante.

Se estudia luego un dulce de larga historia, la capirotada. La sugerencia es de fácil confección –con queso adobera o Cotija– y el resultado es seguro: la sazón se encuentra con el manejo adecuado del anís, la cáscara de limón, las pasas y la canela.

Buenos hornos y mejores panes ofrece Guanajuato. Lo corrobora su cocina familiar en las siguientes fórmulas. La torta de elote, fácil de preparar, requiere mantequilla, queso y huevos frescos. Otra torta al horno, la de piña y marquesote, se enriquece con pasas, almendras y piñones.

Las empanadas de nata –enseguida impresas– son una maravilla de punto y sabor. En la versión que se incluye se fríen y se pueden rellenar con queso o con mermelada o jalea.

Llegan, finalmente, dos recetas de repostería selecta: unos panes de calabaza que subrayan su gusto con canela, clavo y nuez moscada, y unos pastelillos de olla –con figura de volcancitos– que tienen aroma y sabor de anís.

*Pródiga en toda suerte
de bienes, está plena
de joyas y de almíbares
tu olorosa alacena.*

RAFAEL LÓPEZ

Carlota de fresa

120   soletas
1 k   fresas
1/4 k almendras (remojadas, peladas y molidas)
1/4 k fresas grandes para adorno
200 g mantequilla
1   lata de leche condensada
·   manta de cielo o papel aluminio

🍓 Batir la mantequilla hasta que esté cremosa, agregarle la leche condensada y las almendras, incorporar bien.

🍓 Forrar un molde mediano con papel aluminio; cortar del tamaño del alto del molde unas 30 a 35 soletas; acomodarlas alrededor del molde; untar el filo de las soletas con la mantequilla preparada, a efecto de que se unan bien.

🍓 Acomodar soletas en el fondo del molde con la parte curva hacia abajo (se les puede dar forma de estrella o colocarlas por parejas).

🍓 Cubrirlas con un poco de mantequilla preparada; colocar encima una capa de fresas lavadas, limpias de tallo y partidas por la mitad.

🍓 Añadir otra capa de soletas, una capa de mantequilla y una de fresas, hasta terminar con soletas. Apretar muy bien entre capa y capa.

🍓 Cubrir el molde con papel aluminio y apretar suavemente con la mano. Meterlo en el refrigerador tres horas por lo menos.

🍓 Desmoldar sobre un platón pastelero y adornar con fresas grandes.

🍓 Regresar la Carlota al refrigerador hasta el momento de servir.

🍓 Rinde 15 raciones.

Receta de Margarita O. de Carlos

Cajeta

5   litros de leche
2   tazas de azúcar

🍓 Hervir la leche y añadir el azúcar. Mover constantemente con cuchara de madera y a fuego lento, durante cuatro horas aproximadamente.

🍓 Sacarle la nata en la medida que se vaya formando, hasta que espese.

🍓 Rinde 12 raciones.

Receta de Magdalena Ruiz Vda. de Garibay

Dulce antiguo

5   yemas de huevo
3   litros de leche
1/2 k azúcar
1   raja de canela
1/2   cucharada de carbonato

🍓 Hervir la leche con todos los ingredientes, menos las yemas.

🍓 Cuando la preparación haya espesado un poco, retirarla del fuego.

🍓 Batir las yemas y agregarlas a la mezcla hervida, sin dejar de mover.

🍓 Poner nuevamente a hervir la preparación, moviendo siempre, hasta que tenga consistencia de crema pastelera.

🍓 Rinde 6 raciones.

Receta de María de la Luz A. de Usabiaga

Postre de elote y leche

6	elotes tiernos
2	litros de leche
1	taza de azúcar
1	raja de canela
1	pizca de carbonato
·	pasas, al gusto

- Desgranar los elotes y molerlos con leche; colarlos y revolver con el resto de la leche.
- Agregar azúcar, canela y la pizca de carbonato.
- Poner a fuego moderado, sin dejar de mover, hasta que se le vea el fondo al cazo.
- Cuando la preparación este fría, agregar las pasitas y servir.
- Rinde 8 raciones.

Receta de Lucila Marcué

Arroz con leche

100 g	arroz
1	rajita de canela
250 g	azúcar
1	litro de leche
·	ciruelas pasas deshuesadas
·	pasas, piñones y biznaga

- Remojar el arroz en un poco de agua caliente, aproximadamente quince minutos; lavarlo y ponerlo a cocer con la raja de canela.
- Dejar hervir el arroz hasta que empiece a suavizarse; agregar el azúcar y la leche.
- Mover la preparación para evitar que se pegue al recipiente.
- Cuando el arroz ya esté listo, añadir las ciruelas pasas, dejar hervir diez minutos más, hasta que esté bien cocido.
- Al servir, se agregan las pasas, los piñones y la biznaga picada.
- Rinde 6 raciones.

Receta de María de la Luz Ayala Martínez

Encanelados

1/4 k	mantequilla
200 g	azúcar
125 g	harina
125 g	sagú (fécula de papa)
6	huevos
2	cucharaditas de polvo para hornear
1	copita de ron
·	azúcar granulada
·	canela en polvo

- Batir las yemas a que queden espesas; acremar la mantequilla con el azúcar hasta que esponje; revolver los dos batidos.
- Agregar la harina cernida, el sagú con el polvo para hornear, el ron y, por último, las claras batidas a punto de turrón.
- Engrasar moldecitos individuales y verter la pasta hasta llenar la tercera parte de cada molde. Hornear a calor regular.
- Antes de que los encanelados enfríen del todo, revolcarlos en azúcar y canela.
- Rinde 8 raciones.

Receta de Concepción Balderas

Requesón batido

3/4 k   requesón
2   tazas de azúcar
1   taza de agua
1/2   taza de miel virgen
·   grageas

🌑 Preparar un almíbar con el azúcar y el agua; dejarlo espeso. Revolverlo después con el requesón y batir con fuerza.

🌑 Añadir la miel virgen; seguir batiendo hasta que el preparado esté blanco y duro.

🌑 Acomodar en los platos y ponerle grageas encima.

🌑 Rinde 8 raciones.

Receta de María Barrientos de la Rivera

Bolitas encaneladas

1/2 k   harina
250 g   azúcar con canela
250 g   manteca
150 g   azúcar
3   huevos
3   cucharaditas de polvo para hornear

🌑 Cernir la harina con el polvo para hornear y el azúcar, agregar la manteca y los huevos; revolver hasta formar una bola.

🌑 Engrasar charolas de horno y poner en ellas bolitas de la pasta del tamaño de una nuez. Meterlas en el horno caliente, a 210°C.

🌑 Ya que estén ligeramente doradas, sacarlas y espolvorearlas con azúcar y canela.

🌑 Rinde 8 raciones.

Receta de Lorenia Morales de Escárcega

Mermelada de jitomate

2 k   jitomate manzano
1 k   azúcar
20 g   esencia de fresa
1   taza de fresas

🌑 Pasar los jitomates por agua caliente para quitarles la cáscara; partidos a la mitad y sin semillas, pasarlos por un cedazo.

🌑 Poner el jugo de jitomate con el azúcar en el fuego, sin dejar de mover, hasta que tome punto de mermelada.

🌑 Incorporar la esencia y las fresas, bien molidas.

🌑 Servir cuando la mermelada esté completamente fría.

🌑 Rinde 8 raciones.

Receta de Lorenia Morales de Escárcega

Compota de xoconostles

18   xoconostles maduros
1/4 k   azúcar
1   cucharadita de cal

🌑 Pelar los xoconostles, partirlos a la mitad y quitarles el corazón.

🌑 Ponerlos a remojar en agua abundante, en la que se disuelve la cal. Al día siguiente, enjuagarlos varias veces.

🌑 Ponerlos al fuego con media taza de agua y azúcar; dejarlos cocer hasta que la miel tenga consistencia.

🌑 Rinde 6 raciones.

Receta de Lorenia Morales de Escárcega

Postre de jícama

1/2 k azúcar
3/4 k jícama rallada
2 tazas de leche
2 yemas de huevo
1 taza de cocimiento de hojas de higuera

🌸 Preparar con el azúcar una miel a punto de bola suave; agregarle jícama rallada; mover. Cuando se vea el fondo del cazo, añadir una taza de leche con una yema batida.
🌸 Cuando el preparado espese, agregar la taza de cocimiento de hojas de higuera y la otra taza de leche con la yema restante.
🌸 Hervir a fuego suave, moviendo constantemente, hasta que otra vez se le vea el fondo al cazo.
🌸 Vaciar en un platón extendido y dorar por encima.
🌸 Rinde 10 raciones.

Receta de Lorenia Morales de Escárcega

Capirotada

400 g piloncillo
400 g teleras o bolillos rebanados
150 g queso adobera o Cotija
100 g pasas
3/4 litro de agua
1 cucharadita de anís en grano
1 cáscara de limón
1 raja de canela

🌸 Dorar el pan en el horno.
🌸 Preparar la miel, poniendo a hervir en los tres cuartos de litro de agua, el piloncillo, el anís, la canela y la cáscara de limón, hasta que la preparación se reduzca a la mitad.
🌸 Colocar en una budinera una capa de pan tostado; añadir queso, pasas y miel de piloncillo; seguir así, de manera alternada, hasta terminar los ingredientes.
🌸 Meter al horno con calor suave.
🌸 Rinde 8 raciones.

Receta de María Elena Arcos de Morales

Torta de piña

1 piña
1 taza de azúcar
1/2 taza de pasas
1/4 taza de almendras
1/4 taza de piñones
2 huevos
1 pieza de marquesote
1 cucharada de canela
· mantequilla
· agua de sal

🌸 Quitarle la cáscara a la piña y rebanarla; desflemarla en agua de sal. Enjuagarla y molerla bien.
🌸 Añadir el marquesote desmoronado, azúcar y canela; incorporarlos cuidadosamente.
🌸 Batir los huevos y revolver con la mezcla anterior. Añadir las pasas, almendras y piñones.
🌸 Untar una cazuela con mantequilla y vaciar en ella la pasta; ponerla al horno hasta que cuaje y endurezca. Espolvorearle azúcar y canela.
🌸 Rinde 10 raciones.

Receta de Lorenia Morales de Escárcega

Torta de elote

6	elotes grandes, desgranados
6	huevos
200 g	queso fresco
125 g	mantequilla
2/3	taza de azúcar
1	pizca de sal

❦ Moler los elotes crudos con el queso fresco, azúcar y sal.
❦ Revolver con la mantequilla y los huevos batidos a punto de turrón.
❦ Vaciar la pasta en un molde untado de mantequilla y meterla al horno hasta que se cueza.
❦ Rinde 6 raciones.

Receta de María de Jesús H. de Mancera

Pan de calabaza

3	tazas de harina de trigo
1	taza de azúcar
1	cucharadita de bicarbonato
1	cucharadita de canela en polvo
1	cucharadita de sal
3/4	cucharadita de clavos, en polvo
3/4	cucharadita de nuez moscada, en polvo
1/2	cucharadita de polvo para hornear
1/2 k	calabaza rallada, cruda
3	huevos
1	taza de aceite de maíz
1	taza de pasas sin semilla
1/2	taza de nueces picadas
·	mantequilla

❦ Calentar previamente el horno a 175°C. Engrasar con mantequilla dos moldes de pan.
❦ En un recipiente mezclar los ocho primeros ingredientes.
❦ Batir los huevos, la calabaza y el aceite, hasta unirlos.
❦ Incorporar la mezcla de calabaza a la mezcla de harina, revolver; añadir suavemente las pasas y las nueces.
❦ Vaciar la mezcla en los moldes de pan y hornear hasta que al introducir un palillo de dientes, éste salga limpio (una hora aproximadamente).
❦ Enfriar durante diez minutos y sacar de los moldes.
❦ Rinde 10 raciones.

Receta de María de los Ángeles Vda. de Echeverría

Empanadas de nata

1	taza de nata
1	taza de harina
2	cucharaditas de polvo para hornear
1	huevo
1	pizca de sal
100 g	queso, mermelada o jalea (para relleno)
1	clara de huevo
·	aceite
·	azúcar

❦ Revolver los cinco primeros ingredientes y amasarlos a que quede una pasta suave.
❦ Con el rodillo se forman las empanadas y se rellenan de queso, mermelada o jalea. Se pegan con clara de huevo, se fríen en aceite y se revuelcan en azúcar.
❦ Rinde 6 raciones.

Pastelillos de olla

1 k	harina
300 g	azúcar
150 g	manteca
1	puñado de hojas de tomate
1	puñito de anís
1	trozo de tequesquite
·	canela molida

❦ Cernir la harina y formar una fuente; en el centro poner cien gramos de manteca y un poco de lejía. (Para preparar la lejía, se hierven las hojas de tomate, el anís y el tequesquite durante cinco minutos, en un poco de agua; luego se deja enfriar.)

❦ Amasar suavemente para incorporar todos los ingredientes poco a poco; la masa se debe ir golpeando sobre la mesa, de manera que quede ligeramente correosa.

❦ Extenderla sobre una superficie enharinada, dejándola muy delgada.

❦ Barnizarla con manteca; dejarla reposar toda la noche.

❦ Enrollar y cortar trozos de tres centímetros de ancho; levantarles el centro para darles foma de volcancitos.

❦ Colocarlos en una lámina y meterlos al horno; cuando estén cocidos los pastelillos, sacarlos y revolcarlos en azúcar con canela.

❦ Rinde 10 raciones.

Receta de Lorenia Morales de Escárcega

De Cocina y Algo Más

FESTIVIDADES

LUGAR Y FECHA	CELEBRACIÓN	PLATILLOS REGIONALES
GUANAJUATO (Capital del Estado) *Junio 23*	**Festival de la Presa de la Olla** Durante estos festejos se llevan a cabo peregrinaciones, bailes y serenatas por las estrechas calles de la ciudad.	∼ Puchero, gallina en naranja, tamalón de acelgas, patitas de puerco, lentejas, menudo, pozole, turco de tortilla, tamales de ceniza, fritanguitas de pobre, enchiladas ilustradas, gorditas de garbanzo, quesadillas, adobo seco, rabo de zorra, empanadas de carnitas, pollo relleno. ∼ Tamales de nata, nieves, jamoncillo de leche, cajeta, amerengados, pepitas de nuez, dulce de guayaba en leche, charamuscas, jalea de fresa, envinado de coco, natillas, garapiñado de nuez, alegrías, panochitas de leche. ∼ Colonche, mezcal, café de olla, pulque, chocolate, champurrado, aguas frescas, atole de masa o enchilado.
Noviembre 7	**Fiesta de las Iluminaciones** Del 7 al 14 de noviembre se lleva a cabo un festejo en el que toman parte todos los barrios de la ciudad. Fuegos artificiales, música y danzas.	∼ Tostadas, pozole, menudo, sopes, gorditas de tierras negras, gallina a la naranja, lentejas, fritanguitas de pobre, tamales de garbanzo; jícamas con chile piquín, cebolla picada y queso rallado; puchero, adobo seco, enchiladas ilustradas, empanadas de carnitas, chayotes rellenos, quesadillas, ensalada de tuna, xoconostles, carne de puerco con verdolagas. ∼ Torta de piña, requesón batido, charamuscas, buñuelos, conserva de fresas, torta morisqueta, tamales de nata, budines, natillas, jamoncillos, cajetas, alegrías, amerengados, cocadas, garapiñado de nuez. ∼ Café endulzado con piloncillo, atoles, chocolate, colonche, mezcal, pulque, aguas frescas y champurrado.
ACÁMBARO *Julio 4*	**Virgen del Refugio** Se organiza una procesión con música folklórica, bandas musicales y desfiles de carrozas. Se ejecutan bailes entre los que destacan los de Los Franceses, Moros, la danza de Los Viejitos, de los Chichimecas y Pames, de Los Aztecas, la danza del Venado y la de Las Jícaras.	∼ Tamales de ceniza, pollo relleno, adobo seco, puchero, empanadas de carnitas, pozole, lentejas, menudo, quesadillas, sopes, enchiladas ilustradas, gorditas de garbanzo, chayotes rellenos, fritanguitas de pobre, caldo mole, gallina a la naranja, tamalón de acelgas, ensalada de tuna xoconostle, patitas de puerco, nopalitos al pastor. ∼ Panochitas de leche, jaleas, mermeladas, compotas, buñuelos, natillas, cajetas, amerengados, jamoncillos, tamales de nata, envinados de coco, fresas prensadas, pepitas de nuez, morisqueta. ∼ Aguamiel, mezcal, pulque, colonche, atoles, aguas frescas, chocolate, café de olla, champurrado.
CELAYA *Julio 16*	**Virgen del Carmen** Esta festividad se celebra en la iglesia del Carmen. Se presencian las famosas danzas del Plumero y de Los Sonajeros.	∼ Filete asado con uvas, menudo, pozole, adobo seco, enchiladas ilustradas, gallina en naranja, quesadillas, sopes, puchero, rabo de zorra, patitas de puerco, lentejas, turco de tortillas, tamales de garbanzo, lomo de cerdo relleno, nopalitos al pastor, empanadas de carnitas, fritanguitas de pobre, chayotes rellenos.

~ Nieves, jamoncillo de leche, budines, cajeta con almendras, envinada, de leche quemada o en gelatina; buñuelos, natillas; conservas de chicozapote, tunas y capulines; mermelada de fresa, tamales de nata, dulces de leche, alegrías, cocadas, panochitas de leche, cuernitos de almendras, morisqueta.

~ Colonche, pulque, mezcal, aguamiel, café endulzado con piloncillo, atoles, chocolate, champurrado, aguas frescas.

CELAYA *Agosto 15*	**Asunción de la Virgen** Se llevan a cabo una serie de festejos religiosos que coinciden con la famosa Feria de la Cajeta. Se organizan danzas, fuegos artificiales y música que interpretan bandas de la localidad.	~ Fritanguitas de pobre, gorditas de tierras negras, gallina a la naranja, pozole, tostadas, sopes, menudo, puchero, rabo de zorra, adobo seco, nopalitos al pastor, quesadillas, enchiladas ilustradas, chayotes rellenos, empanadas de carnitas, tamales de ceniza, patitas de puerco, lentejas, carne de puerco con verdolagas; jícamas con chile piquín, queso rallado y cebolla picada. ~ Alegrías, cajetas, jamoncillos simples o rellenos, envinados de coco, buñuelos, garapiñados de nuez, amerengados, charamuscas; jalea, mermelada y conserva de fresas; panochitas de almendras; dulces de leche, calabaza, biznaga y chilacayote; pepita de nuez, fresas prensadas. ~ Colonche, aguamiel, aguas frescas de lima y chocolate, atole enchilado o de masa, pulque, champurrado, café endulzado con piloncillo.
COMONFORT *Septiembre 1*	**Virgen de los Remedios** Se adorna en forma especial su altar. Por la tarde, los devotos se visten con atuendos tradicionales y ejecutan variadas danzas (Compadres, Sonajeros, Apaches y de Los Toreritos y Las Rosas) en muestra de agradecimiento. La segunda parte del festival se lleva a cabo el último domingo de noviembre, con el mismo tipo de actividades y una feria en la que se venden mercancías de todas clases.	~ Puchero, nopalitos al pastor, pozole, menudo, adobo seco, gorditas de tierras negras, caldo mole, rabo de zorra, gallina a la naranja, fritanguitas de pobre, quesadillas, tostadas, sopes, patitas de puerco, lentejas, turco de tortilla, empanadas de carnitas, pollo relleno, tamalón de acelgas, enchiladas ilustradas, carne de puerco con verdolagas. ~ Tamales con natas, dulce de guayaba en leche, morisqueta, charamuscas, buñuelos, garapiñado de nuez, cajeta de leche de cabra y de vaca, natillas, jamoncillo, conservas, jaleas, compotas, panochitas de leche, alegrías, cocadas, fresas prensadas. ~ Café de olla, chocolate, champurrado, aguamiel, atoles, colonche, mezcal, pulque y aguas frescas.
DOLORES HIDALGO *Septiembre 15*	**Fiesta de la Independencia** Se celebra el inicio de la Independencia, cuando el Padre Hidalgo instó al pueblo para que se sublevara en contra de los españoles.	~ Carne de puerco con verdolagas, puchero, fritanguitas de pobre, enchiladas ilustradas; jícamas con chile piquín, cebolla picada y queso rallado; menudo, pozole, taquitos, sopes, quesadillas, chayotes rellenos, rabo de zorra, caldo mole, gorditas de garbanzo, tamalón de acelgas, empanadas de carnitas, adobo seco, nopalitos al pastor, tamales de garbanzo. ~ Natillas, morisqueta, cajetas, fresas en conserva y mermelada, alegrías, amerengados, charamuscas, compotas de frutas, nieves y helados, jamoncillos, tamales de nata, panochitas de leche, requesón batido, dulce de guayaba en leche. ~ Café de olla, aguas frescas, atoles, chocolates, champurrado, colonche, mezcal, pulque, aguamiel.
IRAPUATO *Abril 2*	**Feria de la Fresa** Por ser el producto principal de la región, la ciudad celebra esta fiesta con gran entusiasmo. El propósito fundamental es el de fomentar la industria y el comercio.	~ Turco de tortilla, gallina a la naranja, enchiladas ilustradas, adobo seco, caldo mole, puchero, menudo, quesadillas, pozole, chayotes, fritanguitas de pobre, gorditas de garbanzo, tamalón de acelgas, lomo de puerco en aguamiel, pollo relleno, rabo de zorra, patitas de puerco, empanadas de carnitas.

~ Torta de piña, requesón batido, cajetas, jamoncillos, buñuelos, fresas prensadas, budines, compotas y mermeladas de fresa, tamales de nata, amerengados, fresas con crema, charamuscas, envinados de nuez, natillas, panochitas de leche.
~ Colonche, mezcal, pulque, aguamiel, atoles de masa o enchilado, champurrado, chocolate, café endulzado con piloncillo.

LEÓN
Enero 20

San Sebastián
Además de diversas festividades religiosas, la ciudad organiza una feria industrial y agrícola a la que acuden empresas y particulares. Se ejecutan varias danzas aztecas así como bailes de los Caballitos, Guerreros y Matachines.

~ Puchero, gorditas de tierras negras, nopalitos al pastor, pozole, tostadas, sopes, chayotes rellenos, taquitos, ensalada de tuna xonocostle, gallina a la naranja, fritanguitas de pobre, patitas de puerco, lentejas, menudo, quesadillas, pollo relleno, rabo de zorra, adobo seco, enchiladas ilustradas, tamales de garbanzo y de ceniza.
~ Tamales de nata, buñuelos; conservas de capulín, tunas y chicozapote; natillas, jaleas, mermeladas, compotas, dulce de guayaba en leche, morisqueta, envinados de coco, alegrías, panochitas de leche, amerengados, cuernitos de almendra.
~ Colonche, aguamiel, pulque, mezcal, aguas frescas, atoles, champurrado, café de olla, chocolate.

LEÓN
Miércoles previo al
Domingo de Pentecostés

Nuestra Señora de la Luz
Con atuendos típicos se reúnen varios grupos de danzantes frente a la iglesia dedicada a esta advocación. Se ofrecen arreglos florales junto con sus oraciones y danzas.

~ Turco de tortilla, tamalón de acelgas, nopalitos al pastor, enchiladas ilustradas, sopes, tostadas, gorditas de garbanzo, lentejas, menudo, pozole, puchero, lomo de cerdo relleno, quesadillas, patitas de puerco, rabo de zorra, adobo seco.
~ Tamales de nata, dulce de guayaba en leche, cajetas, budines, conservas, compotas, jaleas, envinados de coco, alegrías, requesón batido, buñuelos, jamoncillos, panochitas de leche.
~ Café endulzado con piloncillo, atoles, aguas frescas, chocolate, champurrado, aguamiel, pulque, mezcal y colonche.

ROMITA
Diciembre 12

Nuestra Señora de Guadalupe
Los festejos empiezan un día antes. Preparan con esmero la peregrinación religiosa, los fuegos artificiales, el baile, la música y todo tipo de espectáculos.

~ Gorditas de tierras negras, puchero, menudo, lentejas, pozole, taquitos, tostadas, sopes, empanadas de carnitas, tamales de ceniza y de garbanzo, adobo seco, carne de puerco con verdolagas, nopalitos al pastor; lomo de puerco en aguamiel, rabo de zorra, gorditas de garbanzo, chayotes rellenos, fritanguitas de pobre.
~ Dulces de leche, chilacayote, calabaza y biznaga; buñuelos, alegrías, cocadas, natillas, helados y nieves, jamoncillos simples o rellenos, pepitas de nuez, amerengados, cuernitos de almendra, cajetas, mermeladas y conservas de fresas, morisqueta, tamales de nata, panochitas de leche.
~ Ponche, agua de lima, atole enchilado o de masa, pulque, mezcal, aguamiel, colonche, chocolate, champurrado y café endulzado con piloncillo.

SAN MIGUEL DE ALLENDE
Sábado posterior al día de San Miguel

San Miguel Arcángel
Se celebra con fuegos artificiales, exposiciones, corridas de toros, conciertos populares, bailes, procesiones, ceremonias religiosas y espectáculos de todo tipo. Grupos de danzantes (Moros, Pastoras, Apaches) esperan a que lleguen los habitantes de los poblados cercanos y luego van por las calles, acompañados de bandas musicales, ejecutando sus danzas.

~ Lomo de puerco en aguamiel, empanadas de carnitas, fritanguitas de pobre, menudo, lentejas, ensalada de tuna xoconostle, tamalón de acelgas, gorditas de garbanzo, puchero, pozole, patitas de puerco, rabo de zorra, enchiladas ilustradas, caldo mole, quesadillas, jícamas con chile piquín, cebolla picada y queso rallado; nopalitos al pastor, pollo relleno.
~ Charamuscas, natillas, cajeta de leche de cabra y de vaca, jamoncillos simples o rellenos, budines, jalea y mermelada de fresa, conservas de frutas, nieves y helados, tamales de nata, pepitas de nuez, amerengados, panochitas de leche, requesón batido, morisqueta, dulce de guayaba en leche.

~ Aguas frescas, café de olla, atoles, champurrado, colonche, aguamiel, chocolate, pulque, mezcal.

SAN MIGUEL DE ALLENDE
Domingo posterior al día de San Antonio

San Antonio
En honor a la venerada imagen se organizan bailes: el de Los Locos y el de los Hortelanos, y una feria. Por la tarde se acude en procesión hasta la ermita de San Antonio, donde se lleva a cabo la feria o romería.

~ Tamales de ceniza, carne de puerco con verdolagas, chayotes rellenos, adobo seco, enchiladas ilustradas, lentejas, puchero, quesadillas, sopes, tostadas, gorditas de tierras negras, menudo, pozole, pollo relleno, patitas de puerco, rabo de zorra, gallina a la naranja, empanadas de carnitas.
~ Mermeladas, budines, conservas, jaleas, alegrías, buñuelos, requesón batido, morisqueta, cocadas, charamuscas, jamoncillos, pepita de nuez, natillas.
~ Aguamiel, colonche, mezcal, pulque, atoles de masa o enchilado, café de olla, chocolate, champurrado.

SANTIAGO MARAVATÍO
Julio 25

Santiago Apóstol
Los habitantes del lugar festejan este día con música, juegos pirotécnicos y danzas que duran varios días (Sonajeros). También se organiza una procesión en la que ejecutantes y devotos se abren paso por las calles.

~ Menudo, nopalitos al pastor, sopes, tostadas, pozole, puchero, quesadillas, gallina a la naranja, enchiladas ilustradas, rabo de zorra, chayotes rellenos, fritanguitas de pobre, tamales de garbanzo, turco de tortilla, adobo seco, pollo relleno, empanadas de carnitas, carne de puerco con verdolagas.
~ Dulces de leche, biznaga, chilacayote y calabaza; cajetas, jamoncillos, charamuscas, natillas, alegrías, jaleas, compotas, budines, conservas, tamales de nata, amerengados, morisqueta, garapiñados de nuez, cocadas, panochitas de leche.
~ Atoles, aguas frescas, pulque, chocolate, champurrado, colonche, mezcal, café endulzado con piloncillo, aguamiel.

YURIRIA
Enero 3

Día de la Preciosa Sangre de Cristo
Procesión en la que participan varios grupos de danzantes, algunos de pueblos cercanos, que ejecutan danzas y bailes como el de Pastoras, Inditos y Sonajeros. Al día siguiente se lleva a cabo un desfile presidido por los Tres Reyes Magos (montados a caballo y elegantemente vestidos), San José, la Virgen María y el Niño Jesús; los danzantes van al final de la procesión.

~ Caldo michi, quesadillas, sopes, tostadas, enchiladas ilustradas, caldo mole, lomo de puerco en aguamiel, lentejas, sopes, tostadas, menudo, pozole, gorditas de garbanzo, chayotes rellenos, fritanguitas de pobre, pollo relleno, tamalón de acelgas, rabo de zorra, empanadas de carnitas.
~ Charamuscas, natillas, buñuelos, alegrías, requesón batido, tamales de nata, jamoncillos simples o rellenos, envinados de coco, panochitas de leche, mermeladas, conservas, jaleas, amerengados, cajeta.
~ Aguamiel, colonche, aguas frescas, café de olla, champurrado, atoles, pulque, mezcal, chocolate.

NUTRIMENTOS Y CALORÍAS

REQUERIMIENTOS DIARIOS DE NUTRIMENTOS (NIÑOS Y JÓVENES)

Nutrimento	Menor de 1 año	1-3 años	3-6 años	6-9 años	9-12 años	12-15 años	15-18 años
Proteínas	2.5 g/k	35 g	55 g	65 g	75 g	75 g	85 g
Grasas	3-4 g/k	34 g	53 g	68 g	80 g	95 g	100 g
Carbohidratos	12-14 g/k	125 g	175 g	225 g	350 g	350 g	450 g
Agua	125-150 ml/k	125 ml/k	125 ml/k	100 ml/k	2-3 litros	2-3 litros	2-3 litros
Calcio	800 mg	1 g	1 g	1 g	1 g	1 g	1 g
Hierro	10-15 mg	15 mg	10 mg	12 mg	15 mg	15 mg	12 mg
Fósforo	1.5 g	1.0 g	1.0 g	1.0 g	1.0 g	1.0 g	0.75 g
Yodo	0.002 mg/k	0.002 mg/k	0.002 mg/k	0.002 mg/k	0.02 mg/k	0.1 mg	0.1 mg
Vitamina A	1500 UI	2000 UI	2500 UI	3500 UI	4500 UI	5000 UI	6000 UI
Vitamina B-1	0.4 mg	0.6 mg	0-8 mg	1.0 mg	1.5 mg	1.5 mg	1.5 mg
Vitamina B-2	0.6 mg	0.9 mg	1.4 mg	1.5 mg	1.8 mg	1.8 mg	1.8 mg
Vitamina C	30 mg	40 mg	50 mg	60 mg	70 mg	80 mg	75 mg
Vitamina D	480 UI	400 UI	400 UI	400 UI	400 UI	400 UI	400 UI

REQUERIMIENTOS DIARIOS DE NUTRIMENTOS (ADULTOS)

Proteínas	1	g/k
Grasas	100	g
Carbohidratos	500	g
Agua	2	litros
Calcio	1	g
Hierro	12	mg
Fósforo	0.75	mg
Yodo	0.1	mg
Vitamina A	6000	UI
Vitamina B-1	1.5	mg
Vitamina B-2	1.8	mg
Vitamina C	75	mg
Vitamina D	400	UI

REQUERIMIENTOS DIARIOS DE CALORÍAS (NIÑOS Y ADULTOS)

		Calorías diarias
Niños	12-14 años	2800 a 3000
	10-12 años	2300 a 2800
	8-10 años	2000 a 2300
	6-8 años	1700 a 2000
	3-6 años	1400 a 1700
	2-3 años	1100 a 1400
	1-2 años	900 a 1100
Adolescentes	Mujer de 14-18 años	2800 a 3000
	Hombres de 14-18 años	3000 a 3400
Mujeres	Trabajo activo	2800 a 3000
	Trabajo doméstico	2600 a 3000
Hombres	Trabajo pesado	3500 a 4500
	Trabajo moderado	3000 a 3500
	Trabajo liviano	2600 a 3000

EQUIVALENCIAS

EQUIVALENCIAS EN MEDIDAS

1	taza de azúcar granulada	250	g
1	taza de azúcar pulverizada	170	g
1	taza de manteca o mantequilla	180	g
1	taza de harina o maizena	120	g
1	taza de pasas o dátiles	150	g
1	taza de nueces	115	g
1	taza de claras	9	claras
1	taza de yemas	14	yemas
1	taza	240	ml

EQUIVALENCIAS EN CUCHARADAS SOPERAS

4	cucharadas de mantequilla sólida	56	g
2	cucharadas de azúcar granulada	25	g
4	cucharadas de harina	30	g
4	cucharadas de café molido	28	g
10	cucharadas de azúcar granulada	125	g
8	cucharadas de azúcar pulverizada	85	g

EQUIVALENCIAS EN MEDIDAS ANTIGUAS

1	cuartillo	2	tazas
1	doble	2	litros
1	onza	28	g
1	libra americana	454	g
1	libra española	460	g
1	pilón	cantidad que se toma con cuatro dedos	

TEMPERATURA DE HORNO EN GRADOS CENTÍGRADOS

Tipo de calor	Grados	Cocimiento
Muy suave	110°	merengues
Suave	170°	pasteles grandes
Moderado	210°	soufflé, galletas
Fuerte	230°-250°	tartaletas, pastelitos
Muy fuerte	250°-300°	hojaldre

TEMPERATURA DE HORNO EN GRADOS FAHRENHEIT

Suave	350°
Moderado	400°
Fuerte	475°
Muy fuerte	550°

Alegrías. Usada en plural, la voz se refiere a las semillas alimenticias de una planta de la familia de las amarantáceas, intensamente cultivadas por los aztecas. **Amaranto, bledo, huautli.** Se comen también las partes blandas de la planta (**quintoniles**). Nómbrase así, igualmente, a una golosina, que resulta de la mixtura de estas semillas tostadas con piloncillo, recubierta de una oblea de colores.

Bagre. Pez sin escamas, comestible, de carne blanca o amarillenta de agradable sabor, de hábitos bentónicos, cuyo hábitat fundamental abarca ríos y lagunas. Hay especies numerosas en el país (Ictalurus mexicanus, I. dugesi, Rhamdia guatemalensis, etc.), y con una de ellas (Istlarius balsanus) y otras especies se suele preparar el caldo michi.

Brécol. (En italiano: broccolo). Plural: brécoles o broccoli. Planta de la familia brasicáceas que se consume como verdura.

Cacahuazintle (cacahuacentli). Variedad del maíz que se caracteriza por tener el grano más redondo, blanco y suave que el común. Se utiliza en platillos como el pozole.

Cajeta. Por la caja pequeña, generalmente de madera, con tapa de encajar, que se usaba para conservar largo tiempo dulces y jaleas, se designa por extensión al dulce que contiene. Por asociación posterior se da este nombre a un dulce espeso de leche hervida –usualmente de cabra y famoso en Celaya– que actualmente se presenta en recipiente de vidrio.

Caldo michi. Caldo, mayormente de bagre; por lo común se prepara con pescado cocido en su jugo. Del tarasco **michi**, pescado.

Capirotada. Postre o dulce que combina ingredientes muy diversos (cacahuates, almendras, etc.) con pan frito, almíbar y queso.

Carpa. Pez de escamas circulares, de la familia ciprínidos, de carne comestible. Sumamente apto para el cultivo, puede vivir muchos años en aguas dulces. En el país existen aproximadamente 50 especies, entre las cuales se encuentran los **juiles** o **acúmaras** (Pátzcuaro, Valle de México), **popochas** (cuenca Lerma-Santiago) y un pez que lleva el nombre científico de Yuriria, por la laguna en la cual vive.

Colonche. Aguardiente que se obtiene por maceración de la tuna colorada (cardona) y azúcar.

Cuitlacoche (huitlacoche). Hongo parásito que invade las mazorcas del maíz. Pese a su aspecto poco atractivo es sabroso comestible (asado o guisado).

Charamusca. Golosina en forma de tirabuzón, hecha fundamentalmente con piloncillo acaramelado y esencias para darle sabor.

Chayote. Cucurbitáceas de tallos trepadores y vellosos, y su fruto. Éste es piriforme, de cáscara fuerte –espinosa en ocasiones– y color que va del verde oscuro al amarillento. La pulpa, suave y digerible, se come cocida. La pepita también es comestible, así como la raíz (**cueza, chayotestle, chinchayote**).

Chicozapote (chico). Árbol de la familia de las zapotáceas, propio de la América tropical, del que se extrae el chicle. Nombre de su fruto, de pulpa color canela, blanda y dulce, de exquisito sabor.

Chilacayote. Cucurbitácea, variedad de la calabaza común, y su fruto comestible, de corteza lisa y verde y pulpa fibrosa.

Chilaquiles. Usada en plural, la voz describe un guiso o especie de sopa que fundamentalmente se compone de pedazos de tortillas de maíz fritos y luego cocidos en una salsa espesa de chile y jitomate o tomate; se acostumbra servir con rodajas de cebolla y queso.

Chilatole (chileatole). Caldo espeso o bebida a base de atole de maíz con chile. Existen diversos tipos. Quizá los más comunes son el verde (en realidad un guiso de elote rebanado o desgranado, epazote y chile verde) y el colorado (atole con azúcar y agua, granos de elote y chile ancho).

Chile ancho. Clásico de la cocina en México, forma parte de moles y adobos diversos; es de color pardo o rojo oscuro y, por lo general, poco picante, aunque existen numerosas variedades. Fresco y verde es el chile poblano.

Chile cascabel (cora). Es un chile seco que, en estado fresco, suele ser el chile bolita. Es pequeño, de color rojo o guinda oscuro, esférico. Se aprovecha en adobos y salsas.

Chile chilaca. Se designa así a diversas variedades de chiles, sobre todo en el centro y norte del país. Picantes y de color verde oscuro en el centro, cuando secos son el pasilla; más anchos, menos largos y picantes, de color verde limón, los del norte de la república.

Chile de chorro (negro). Variedad de chile poblano, de color muy oscuro.

Chile güero. La denominación se aplica a un tipo de chile carnoso, generalmente de forma cónica. Hay variedades poco picantes y perfumadas. Fresco va del color amarillo al verde limón; maduro se vuelve rojizo-anaranjado.

Epazote. Hierba quenopodiácea, medicinal y comestible; tiene tallo ramoso y hojas alternas, olor fuerte y sabor acre. Antihelmíntico reconocido, las hojas con frecuencia se emplean para condimentar algunos platillos.

Flauta. Derivación del taco que consiste en una tortilla, muy larga y delgada, apretada sobre su relleno, que evoca por su figura al instrumento musical.

Fritanga. Fritada ordinaria o malhecha; despectivamente cualquier antojo frito.

Gordas (gorditas). Culinariamente, de modo usual en plural, la voz se refiere a ciertas tortillas de maíz más gruesas y en general más pequeñas que las comunes, las cuales se pueden conservar suaves mayor tiempo.

Guacamole. Ensalada o salsa mexicana confeccionada con la pulpa del aguacate, molida o picada, a la cual se agrega jitomate, cebolla, cilantro, chile verde, etc., finamente picados.

Jamoncillo. El término suele referirse a una pasta dulce de leche, por lo común presentada en barras o rombos, de pepitas de calabaza o almendra. Es frecuente que se ofrezcan en capas de diversos colores.

Jocoque (jocoqui). Preparación hecha con leche cortada o nata agria, al modo de crema espesa.

Jícama. Tubérculo en forma de cebolla grande, de unos 15 cm de diámetro, carnoso y con una cubierta fibrosa; de sabor fresco, dulce y acuoso.

Marquesote. Torta o bizcocho ligero, blando y suave al paladar, de harina de arroz o maíz, que se acostumbra cortar en trozos en forma de rombos; demanda poca harina, abundantes huevos, azúcar, y se hornea.

Montalallo (montalayo). Guiso que se prepara con vísceras; relleno de la panza, ya limpia, con las propias vísceras del animal.

Panela. Pieza de queso de reducidas dimensiones, obtenida en el proceso de cuajar la leche.

Pico de gallo. En el centro del país se llama así a una salsa que se confecciona básicamente con xoconostles o jícamas, cebolla y chile.

Púscua. Maíz blanco, tostado y molido con azúcar y canela, que se cuece en agua para preparar un atole, especialmente para niños.

Requesón. Especie de queso fresco que se saca de los residuos de la leche. Masa cuajada de leche, después de escurrida y antes de ser secada o prensada.

Sagú. Harina que se extrae de diversos tubérculos (chayotestle, papa, etc.), y que, como la que se saca de la palmera malaya, se utiliza en la confección de atoles y platillos.

Sope. Tortilla gruesa de maíz, frita en manteca, en forma de cazuelita; recubierta, según la región, con diversos guisos (picadillo, frijoles, etc.).

Totoposte (totopoxtle). Tortilla dorada, de masa fina, con un solo cuerpo, que se toma como galleta y suele acompañar y adornar a los frijoles refritos. **Totopos.**

Xoconostle (soconoscle). Variedad de tuna, ácida, que se emplea en la confección de diversos dulces y compotas y como condimento e ingredientes de algunas salsas y platillos.

Esta obra fue impresa en el mes de octubre de 2000
en los talleres de Litográfica Ingramex, S.A. de C.V.,
que se localizan en la calle de Centeno 162,
colonia Granjas Esmeralda, en la ciudad de México, D.F.
La encuadernación de los ejemplares se hizo
en los talleres de Dinámica de Acabado Editorial, S.A. de C.V.,
que se localizan en la calle de Centeno 4-B,
colonia Granjas Esmeralda, en la ciudad de México, D.F.

LA COCINA FAMILIAR

EN EL ESTADO DE

GUANAJUATO

LA COCINA FAMILIAR

EN EL ESTADO DE

GUANAJUATO

◀▲ CONACULTA   OCEANO

LA COCINA FAMILIAR
EN EL ESTADO DE GUANAJUATO

Primera edición: 1988
Banco Nacional de Crédito Rural, S.N.C.
Realizada con la colaboración del Voluntariado Nacional
y de las Promotoras Voluntarias del Banco Nacional de
Crédito Rural, S.N.C.

Segunda edición: 2000
Editorial Océano de México, S.A. de C.V.

Producción:
Editorial Océano de México, S.A. de C.V.

© Consejo Nacional para la Cultura y las Artes

D.R. ©
Editorial Océano de México, S.A. de C.V.
Eugenio Sue 59
Col. Chapultepec Polanco, C.P. 11500
México, D.F.

ISBN
Océano: 970-651-448-1
             970-651-450-3 (Obra completa)
CONACULTA: 970-18-5552-3
             970-18-5544-2 (Obra completa)

LA COCINA FAMILIAR EN EL ESTADO DE

Guanajuato

Presentación

La Comida Familiar Mexicana fue un proyecto de 32 volúmenes que se gestó en la Unidad de Promoción Voluntaria del Banco de Crédito Rural entre 1985 y 1988. Sería imposible mencionar o agradecer aquí a todas las mujeres y hombres del país que contribuyeron con este programa, pero es necesario recordar por lo menos a dos: Patricia Buentello de Gamas y Guadalupe Pérez San Vicente. Esta última escribió en particular el volumen sobre la Ciudad de México como un ensayo teórico sobre la cocina mexicana. Los textos históricos y culinarios, que no las recetas recibidas, varias de ellas firmadas, fueron elaborados por un equipo profesional especialmente contratado para ello y que encabezó Roberto Suárez Argüello.

Posteriormente, hace ya más de seis años, BANRURAL traspasó los derechos de esta obra a favor de CONACULTA con el objeto de poder comercializar el remanente de libros de la primera edición, así como para que se hicieran nuevas ediciones de la misma. Esta ocasión llega ahora al unir esfuerzos CONACULTA con Editorial Océano. El proyecto actual está dirigido tanto a dotar a las bibliotecas públicas de este valioso material, como a su amplia comercialización a un costo accesible. Para ello se ha diseñado una nueva edición que por su carácter sobrio y sencillo ha debido prescindir de algunos anexos de la original, como el del calendario de los principales cultivos del campo mexicano. Se trata, sin duda, de un patrimonio cultural de generaciones que hoy entregamos a la presente al iniciarse el nuevo milenio.

LOS EDITORES

Cuanax-huato, palabra tarasca que significa "lugar montuoso de ranas", es la región que hoy ocupa el Estado de Guanajuato. Zona enclavada en el centro del país, pliega su terreno para ofrecernos dos cadenas orográficas: la Sierra Gorda, el noreste del estado, y la Sierra de Guanajuato, al centro. La región es generadora de importantes caudales; por un lado, la Sierra Gorda vé nacer en su seno algunos afluentes del río Pánuco, mientras que entrambas sierras corre el río de La Laja, tributario del Lerma. El estado alberga dos zonas climatológicas opuestas; la zona meridional cubierta por las extensas y fértiles planicies del Bajío, y la planicie septentrional, semidesértica, con un suelo que no da más que cactáceas y agaves.

Los forjadores de la cultura de Chipícuaro, la más importante del Guanajuato prehispánico, se localizaron en el área ribereña del Lerma entre los años 500 a.C y 300 d.C. En los primeros tiempos no conocían el vestido y empleaban pintura corporal; al evolucionar se establecieron en aldeas agrícolas y buscaron sustentar su economía en el cultivo del maíz y algunos otros productos vegetales, además de complementar su dieta con la práctica de la caza y la pesca. Durante su estadio más desarrollado manufacturaron cerámica de calidad, en particular figurillas humanas con tocados elaborados que permiten inducir algunas de sus costumbres; también dispusieron de cementerios para enterrar a sus muertos, a los que acompañaban con ricas ofrendas.

Tanto en el período clásico como en el posclásico mesoamericano, la región de Guanajuato experimentó la influencia de todas las manifestaciones culturales de la zona central del Altiplano, especialmente la teotihuacana, como se puede constatar en los importantes restos arqueológicos de Salvatierra, Arabino, La Laja, Pantoja e Ibarrilla. Estos centros fueron asolados, probablemente hacia el siglo XIII, por los grupos chichimecas que encabezaba Xólotl; de su acometida sólo se salvó el área tarasca, al sur del estado.

A los pocos años de la conquista de Tenochtitlan se inició la colonización de la zona. Hernán Cortés envió a la región a dos capitanes otomíes, aliados suyos, Nicolás de San Luis Montañez y Fernando de Tapia, quienes fundaron varios pueblos en su ruta de apertura, como Apaseo en 1524 y Acámbaro en el 26. Nuño Beltrán también visitó la zona en su camino a occidente. Poco a poco, atraídos los colonizadores por los ricos yacimientos minerales, surgieron Pénjamo, Abasolo, Cuitzeo y Ayo el Grande.

La avanzada evangelizadora estuvo a cargo de la congregación franciscana; fueron sus integrantes los que establecieron el convento de Acámbaro en 1533 y apoyaron la formación de haciendas en torno a Yuririapúndaro. Figura protagónica de este período fue fray Diego de Chávez, quien fundó la citada población, así como su convento e iglesia, además de crear la laguna artificial de Yuriria, al desviar la corriente del río. En tanto, la porción oriental del territorio se empezó a poblar en 1542, año en que fray Juan de San Miguel estableció el pueblo de San Miguel Viejo (hoy de Allende).

Diez años más tarde, en 1552, Juan de Jaso descubrió las minas de Guanajuato. Este hallazgo fue fundamental para el desenvolvimiento de la región y en general para la economía novohispana. El oro y la plata que dichas minas prodigaron convirtió a Guanajuato en la segunda ciudad del virreinato. A la par de sus reales de minas, los asentamientos agrícolas y ganaderos se desarrollaron y contribuyeron a consolidar la zona como punto importante de paso hacia Zacatecas y el norte, por un lado; y la ciudad de México, por el otro.

Concluidas las primeras fundaciones por frailes y colonizadores, e importándose el ganado de España, así como algunas especies y vegetales, se dio inicio a cultivos como el trigo, el ajo, el brécol, el espárrago y la vid, que se aunaron al maíz, frijol, calabaza, chile y aguacate nativos. La diligencia de monjes y sacerdotes europeos, asistidos por los naturales de la región, logró incursionar en una nueva gastronomía, suma y recreación de la que ambos pueblos habían conocido. Los monjes enviaron semillas de los productos locales a sus comunidades, por todo el mundo, y el maíz sagrado comenzó a florecer así en el resto del planeta.

En territorio novohispano, los chiles se tornaron sazonadores indispensables de casi todos los platillos reinventados, desde una sencilla salsa hasta el elaborado puchero; ciertos dones indígenas, como el amaranto –hasta entonces endulzado con miel de avispa– forjaron figuras delicadas, fáciles de digerir, y se las llamó "alegrías"; los xoconostles, capulines, tunas y chicozapotes fueron encarcelados en conserva para tiempos mejores, o peores; ambas posibilidades culinarias lograron conjugarse y se enriquecieron mutuamente.

Celaya, del vascuence Zelaya ("tierra plana"), se fundó en 1571 como respuesta a la necesidad de defenderse de las constantes incursiones con que los indios sublevados asolaban la región. Por ese entonces se llevó al sitio, un tanto árido en aquellas fechas, ganado caprino. La reproducción de éste, que no requiere muchos cuidados y come cuanto encuentra, fue notable; de su abundante leche surgió una primera industria láctea. Y así vieron la luz quesos, cremas y mantequillas, y se añadieron alimentos tan sencillos como una tortilla o una sopa, los cuales, tras el afortunado encuentro, tentaron a los paladares más reticentes. Por este tiempo se instalaron la guarnición de San Felipe y la Villa de León, esta última en 1576.

En 1590, el jesuita Gonzalo de Tapia logró someter pacíficamente a los chichimecas rebeldes, a quienes congregó en San Luis de la Paz, donde fundó el poblado, una iglesia y un pequeño monasterio. Unos años después también iniciaron su desarrollo Salamanca y Santiago.

La pujante minería floreció al máximo durante los siglos XVII y XVIII; trajo tal auge económico y comercial que hizo necesaria la apertura de caminos reales, postas y posadas, en las que se atendía al viajero con lo mejor que la tierra producía y de cuyas cocinas se esperaba siempre algo bueno, del horno y del caldero. Se servía, mientras tanto, una buena jarra de pulque o de vino a los señores y frescas aguas de frutas a las señoras.

En 1786, el territorio de la Nueva España fue dividido en doce intendencias. Por su importancia económica, Guanajuato fue una de ellas, y Juan Antonio Riaño, su intendente, construyó la Alhóndiga de Granaditas. Desde ella defendió la plaza, en 1810, del ataque de los insurgentes encabezados por Miguel Hidalgo, mas los insurrectos finalmente la rindieron.

Si muchas entidades desempeñaron papeles importantes en la gesta independentista, Guanajuato fue protagonista y, en gran medida, generador del proceso. La lucha por la independencia tuvo a Guanajuato y sus hombres como punto de partida. La configuración del terreno, el clima, los hasta entonces inconquistables presidios y fuertes, los indios maltratados, los criollos hartos, la opresión, los impuestos altísimos, todo se conjugó en franco apoyo a las ideas libertarias, además de la ambición por la plata que se enviaba a la capital en cantidades altísimas.

En esa zona clave, ruta de enlace hacia el centro y el norte, la fuerza guerrillera no pasó hambre. La cocina guanajuatense alimentó los estómagos de los fatigados insurgentes, ya fuera con un reconfortante caldo calentado en brasero o con unas austeras tortillas, preparadas a la vera de los caminos recién abiertos. Frijoles, atoles de masa o enchiladas, servidos ahora en un jarrito de barro –sustituto humilde de la vajilla peninsular–, acallaron el hambre de los iniciadores de aquella gesta.

En el curso de los años difíciles de la lucha libertaria, Guanajuato mantuvo encendida la llama de la nueva nación. Es ahí donde, en 1817, llegó Xavier de Mina, quien, junto con el "amo" Torres y Pedro Moreno, dio renovado impulso al movimiento.

Consumada la Independencia en 1821, la dañada economía guanajuatense pareció restablecerse, pero la serie de luchas que agobiaron al país durante el siglo XIX hicieron clara mella en la región. En la invasión norteamericana, Guanajuato contribuyó a la defensa de la integridad territorial con más de seis mil hombres, al mando del general Gabriel Valencia. Luego, en la Guerra de Reforma, del 57 al 60, conservadores y liberales alternaron el dominio del estado, pero éste fue siempre campo de batalla. Finalmente en 1863, con la invasión francesa que culminó con el imperio de Maximiliano, la región sufrió constantemente los embates y las funestas consecuencias de la guerra.

Y, sin embargo, en ese lapso las innovaciones técnicas y culinarias llegaron siempre de la mano. Si por un lado se inauguró la línea telegráfica a la ciudad de México, en el ámbito gastronómico los nuevos mestizajes alcanzaron sus primeros frutos. Nacieron las tortas de piña, los turcos, el requesón batido, la torta de morisqueta y la de almendras cubiertas; a la cocina regional se sumaron los utensilios de estaño para albergar el soufflé de espinacas y los jarros para el atole se hicieron a un lado para dejar el lugar de honor al deslumbrante cristal cortado y al ponche humeante.

Al triunfo final de la República, los gobiernos sucesivos de Benito Juárez, Lerdo de Tejada y Porfirio Díaz contribuyeron a la recuperación del estado. Durante el gobierno de este último se construyeron líneas ferroviarias y obras de irrigación. Aunque, cabe aclararlo, de ese auge económico fundamentalmente se beneficiaban sólo unos cuantos, mientras las condiciones de los trabajadores seguían siendo pésimas y los ciudadanos deseaban, cada vez más, tener alguna participación política y terminar con la constante reelección de los gobernantes.

Tal situación provocó, en 1910, el estallido de un movimiento popular; la honda sacudida pronto adquirió proporciones nacionales y se transformó en la Revolución Mexicana; Guanajuato participó en ella activamente. El movimiento maderista fue secundado en la entidad por Cándido Navarro el 20 de noviembre de 1910; Navarro tomó San Felipe, Romita y Silao, y marchó hacia San Luis Potosí. La lucha adquirió mayor fuerza después del asesinato de Madero y de la usurpación huertista. Las fuerzas de Victoriano Huerta dominaron el estado año y medio, hasta que fue re-

cuperado por los constitucionalistas el 5 de agosto de 1914. Desde ese momento, y hasta 1917, las facciones villistas, zapatistas y constitucionalistas libraron batallas en diferentes puntos del país, siendo famosas las que encabezó el general Alvaro Obregón en Celaya y en Trinidad, en pleno territorio guanajuatense.

En la década de los 20 persistían en la zona, sin resolver, graves problemas sociales derivados del conflicto; estalló, así, la guerra cristera, particularmente intensa en Guanajuato. Después llegó, al cabo, una etapa de paz que por fortuna se ha extendido hasta nuestros días y ha permitido indudables avances en la consolidación regional y nacional.

La ciudad de Guanajuato se ha convertido en una capital singular, monumento a la cultura en todos los órdenes. Sus callejones y rutas propician romances y leyendas y hacen arte de cada rincón. La universidad ha producido múltiples generaciones de mexicanos ilustres. Y qué decir del magnífico Teatro Juárez –joya arquitectónica–, donde se desarrollan toda clase de actividades escénicas y sirve como marco de gala de esas semanas que, anualmente, convierten a la ciudad en capital cultural: el Festival Cervantino.

Celaya histórica y serena, brinda ilustres cajetas y hortalizas excelentes. Irapuato, fresas y cereales. León, antojitos hechos con carne de cerdo y de res, cuyas pieles sagazmente trabajadas transforman a la industriosa ciudad en clave de la producción mexicana de calzado.

Salamanca altivo, en mágico contraste, alberga la refinería más importante del estado, los paseos más tranquilos y muestras extraordinarias de la arquitectura mexicana. Comanjilla, la Caldera y la Olla alivian sufrimientos con sus aguas termales sulfurosas, vestigio y presencia viva de la actividad volcánica en la zona. En fin, en Silao, en San Miguel, en cada ciudad y pueblo guanajuatense hay célebres ferias y alegres fiestas, mezcla de tradiciones y ocasión para que los artesanos exhiban su cerámica, cestería, vidrio labrado, juguetería en madera y curtiduría.

Guanajuato se ufana con sus artes gastronómicas para recibir al visitante; ofrece, por ejemplo, dulces de Maravatío, lomo de puerco en aguamiel, queso de almendras y filete asado con uvas de Celaya; caldo michi de Yuriria; fresas con crema de Irapuato y, de su capital, charamuscas, dulce de guayaba en leche y gorditas de garbanzo, adobo seco, rabo de zorra, gallina en naranja, mole, menudo, turco de tortilla, quesadillas y, como postre, fresas prensadas, tamales de nata, cajeta y natillas. Aunque un buen requesón batido o una torta de arroz y camarones también se encuentran sin problema alguno. Ya entrados en manjares, quizá se prefiera un mole pico de damas, el asado de avellanas, el deshebrado al estilo local o las enchiladas del Bajío, los cueritos de puerco, la ensalada de elote o los peculiarísimos buñuelos.

La alegría y los encantos de la comida guanajuatense los descubren pronto, deslumbrados, aquellos viajeros que llegan de las áridas zonas norteñas. Apunta José Vasconcelos su azoro cuando conoce –venido de la lejana frontera coahuilense– los atractivos que va regalando a los viajeros el ferrocarril que los aproxima al centro del país:

"En cada parada consumábamos pequeñas compras. Abundaba la tentación en forma de golosinas y frutas. Varas de limas y cestos de fresas o de higos y aguacates de pulpa aceitosa; cajetas de leche en Celaya y camotes y turrones de espuma blanca y azucarada. No alcanzaba el tiempo ni el dinero para elegir. Los vendedores de comestibles ofrecen también a gritos tacos de aguacate, pollo con arroz, enchiladas de mole, frijoles, cerveza y café" (*Ulises criollo*).

El recetario de la comida familiar guanajuatense integra, en cinco apartados, una selección de variadas fórmulas. Sus posibilidades son múltiples y enseñan bien, ya que no de manera exhaustiva, los caminos y las pautas del arte culinario estatal y sus mexicanísimas hechuras, tras varios siglos de mestizaje e integración. El péndulo oscila de una cocina sencilla y cotidiana, que parece develar un poco el secreto de las cocinas de todo México, a la confección de platillos barrocos, monumentales y complejos, propios de las grandes celebraciones y, por supuesto, de las republicanas fiestas septembrinas.

El primer apartado, **Antojitos**, transcurre gratamente por el reino del maíz. Buena muestra de las potencialidades de la gramínea nacional se presenta aquí: algún tamal, varias tortas y budines, quesadillas, tacos, enchiladas, chilaquiles… Un antojo tras otro, como para probar la importancia que tienen en la gastronomía del país.

Caldos, sopas y pucheros, segundo apartado, es una fiesta civil. Alegre y sencilla. Hay, obvio es decirlo, platillos exquisitos; otros valen por una comida entera, pero los más dan al comensal el "cimiento" confortable y lo disponen para lo que sigue.

En **Ranas, pescados y verduras**, tercer apartado, se asoma el lector a las aguas interiores de la entidad y recorre luego los huertos de sus tierras fértiles. Los hongos y los chiles concurren con nutrida y apetitosa representación.

El cuarto apartado, **Aves y carnes**, es abundante y riquísimo. Tras algunas fórmulas notables para volátiles –pollos, gallinas y un pato impar– se estudian varias excelentes propuestas para la carne de cerdo y algunas más para la de carnero y cabrito. Finaliza el capítulo con recetas interesantes para la carne de res y una quijotesca –y espectacular– olla podrida.

Tal vez ciertos versos de Efraín Huerta, poeta de Silao: "Era en el mes de junio y los frutos maduros –los duraznos, las uvas– parecían imprevistos murmullos sofocados", expliquen mejor la naturaleza del quinto apartado, **Dulces, postres y panes**. Deleitosa sección; postres únicos, dulces memorables, panes soberbios, conjunción que aporta Guanajuato y casi regala un modo de vida y sus historias.